ヤスパース

ヤスパース

● 人と思想

宇都宮芳明著

36

CenturyBooks　清水書院

ヤスパースについて

ヤスパースとの出会い　高校生のころ、まわりに哲学ずきな友人が多かったせいか、それまで文学作品を読んでいたのに、一転して哲学の本に目を通すことが多くなった。昭和二二年から二四年にかけてのことで、終戦時の混乱もいくらかおさまり、しにせの書店から戦前の有名な哲学書が再版されて、それを買うために友人たちと本屋の前に徹夜で行列したりした。いま、本棚《ほんだな》の隅におしやられて紙質の悪い古ぼけた哲学の本が並んでいるが、その一冊一冊にはそれを買ったときの苦心とか、また内容がよくわからないのに、とにかく手に入れた感激から興奮して読んだ思い出などがまつわっていて、ときどき抜き出してはページを繰ってみたりすることがある。神田の古本屋街にも、戦前の装丁のしっかりした古書が並ぶようになったが、その多くは高校生の小遣《こづかい》ではとても手が出なかった。とはいっても、それは和書のことで、あとで大学にはいって先輩のひとびとから当時いかに苦心して洋書を買ったり写したりしたかという話を聞き、とても比較にはならないと知って、改めて畏敬《いけい》の念をいだいたものである。

ヤスパースという哲学者の名を知ったのもそのころであった。戦後の風潮もあって、哲学のなかでも特に実存哲学に親しみ、その方面の書物を探し求めたが、ヤスパースの翻訳書はなかなか見つからなかった。古本屋で最初に見つけたのは『現代の精神的状況』の翻訳で、続いて鈴木三郎訳『実存哲学』や草薙《くさなぎ》正夫訳『ニーチェ——根本思想』を手に入れることができた。これらはいずれも戦前や戦中に刊行されたものであり、戦後に初めて出たのが草薙正夫訳『理性と実存』（昭和二四年）で、私のヤスパースへのかかわりはまずこうしたいくつかの翻訳を通じてはじまった。いまでこそ数多くの翻訳書があるが、当時入手できたのはそのくらいだったのである。

だが大学にはいってドイツ語が読めるようになると、原書に接したくなる。図書館にはすでに部厚い『真理について』の原書までもがおさめられていて、休講の合い間などにはぽつぽつ拾い読みをしたが、そうした原書の中で最初に熱心に読んだのはやはり『理性と実存』で、これは原文で一〇〇ページあまりの小著であり、それだけに個人ででも手軽に求めることができたからであった。

しかし、私はいまでもそう考えているが、この『理性と実存』は数多いヤスパースの哲学的著作の中でも屈指の作品である。五二歳という円熟した年代のもので、その全思想がきわめて簡潔に、しかも包括的に語られていて、あますところがないといってもよい。ヤスパースの思想を直接その著書について学びたいと思う読者がいたら、私はまず『理性と実存』をおすすめする。とにかく、ある思想家の思想を知ろうとするなら、解説書をいくら読んでもむだで、ただ一冊でもよい、そしてドイツ語が読めなければ翻訳書でもよい、直接その思想家の著作に接することである。何回も読んで『理性と実存』を卒業し、もっと本格的にヤスパースと取り組みたいと思ったら、次にやや難解だが、これもコンパクトな『実存哲学』にあたって、それからいよいよ主著の『哲学』にはいる、といったコースが考えられよう。しかしそれにしても、反復熟読して『理性と実存』の内容が十分把握できたら、もう八分通りヤスパースを理解できたと考えてさしつかえないはずである。

その偉大さを初めて知る

こうして書物を通じてのヤスパースとの交わりが始まったが、それと並行して、同じドイツの実存哲学者であるハイデッガーの著作にも親しむようになり、しかも私の関心はだんだん後者に傾いて、結局、卒業論文にはハイデッガーを選ぶことになった。なぜそうなったのか、理由はいろいろ考えられるが、とにかく、その当時の私がヤスパースよりもハイデッガーの方をはるかにすぐれた哲学者とみなしていたことは確かである。ハイデッガーは深遠であり、ヤスパースは平板である。生意気にも私はそう考えていた。実際、ハイデッガーには不思議な魅力があった。いったんその虜《とりこ》になると、どこまでもひきつけられ、その片言隻語《へんげんせきご》まで気になって、ほかの哲学者には見むきもしなくなる。論文を書く前に初めて故池上鎌三先生のお宅に伺ってご教示を受けたが、そのとき先生は最後にポツリとひと言、「君、ハイデッガーを抜け出すときがたいへんだね。」といわれた。先生のいわれたとおりで、大学院にはいってもハイデッガーを抜け出せないまま、修士論文にまたハイデッガーを書くことになった。

しかしその間、哲学についての私の考えはすこしずつ変化して、なにかハイデッガーにあきたらない感じがしてきた。そうした疑問をいだきながらやっとの思いで修士論文を書きあげると、当分ハイデッガーにはごぶさたすることにして、ほかの現代哲学者たちの書物を読み始めた。ちょうどそのとき、原佑《たすく》先生からある講座の『実存主義』にヤスパースを書くようにとのお勧めを受けて、初めて腰をすえてヤスパースにむかった。そして私がヤスパースの偉大さを知ったのは、実はこのときなのである。ハイデッガーは深遠でヤスパースは平板であるなどと考えていたのは、大きな誤りであった。もちろんハイデッガーが現代の傑出した哲学者であることにちがいはない。しかしヤスパースもまた、ハイデッガーに優《まさ》るとも劣らない高遠な哲学精神のもち主である。私がそれに気づかなかったのは、ヤスパースに無知であったばかりか、哲学とは何かといった、私自身の内部での哲学についての熟慮が不足していたからなのである。

ヤスパースの偉大さ

では、ヤスパースの偉大さはどこにあるのだろうか。まず第一にいえることは、その視野の広さである。現代では諸科学の分化と専門化の傾向がいちじるしいが、哲学もまたそれにならうかのように、分化し専門化する傾向がある。しかし、はたしてそれでよいのであろうか。確かに徹底性は哲学に必要な条件であるが、事柄全体の知識を自覚を通じて深化し徹底化することと、部分的な知識を無自覚的にさらに細分化し瑣末《さまつ》化することとは、おのずから別のはずである。それに分析哲学やマルクス主義や実存主義へといった分化は、事象の領域のちがいに根ざした科学の分化とはちがって、ただ視野の狭さを物語るだけのものであり、もし哲学者がすすんで自分の思想をある主義として表明するならば、それはもはや一種の自殺行為であろう。過去の偉大な哲学者の例をあげるまでもなく、哲学は常にものごとを包括的に考えるところに成立するのであり、哲学者はいかに広い視野をもってもそれで広すぎるということはありえない。その点、ヤスパースはラッセルとならんで現代にはまれな視野の広さをもつ哲学者といえよう。戦後のヤスパースが世界史や政治の動向について積極的に発言しているのを、哲学にかかわりのない余事であるとか、哲学の逸脱であるとか考える哲学者がいるとすれば、それはおかしなことなのである。

ヤスパースの偉大さは、第二に、その誠実な思索態度に、つまり知的誠実さにある。では知的誠実さとはどのような態度かといわれると、ちょっと説明しにくいが、要するに嘘《うそ》や衒《てら》いのない思索態度であり、そこでは人格と思想とが一致していて、もしその思想に反対しようと思うなら、こちらも全人格をかけてそれに対決しなければならないような、そうしたきびしい思索態度である、といってよいだろう。断わるまでもないが、それはもちろん独善的な信念に基づいた閉鎖的な思索態度のことではない。ヤスパースの思想はどこまでも公開的であり、その文体は清明で、奇を衒うところはなく、その意味では平易ですらある。そしてそれは、すべての人間に自己の思想をさらして訴えかけようという知的誠実さの一つのあらわれであって、私がそこに平板さを感じていたのは、誤解もはなはだしいものがあったと恥じなければならない。哲学は理性とことばによる哲学であるかぎり、密儀的な宗教であってはならないはずである。もちろん人間のことばにはそれなりの制約や限界があるであろう。哲学的自覚の究極段階においては――ヤスパースも認めているように――沈黙することしか残されていないかもしれない。しかし、われわれは沈黙を急いではならないので、互いに見解の一致・不一致を確かめ、対話を通じていっそう高次の自覚に達するために、ことばを十二分に活用することが必要であろう。

第三に、これは第二の知的誠実さのバックボーンをなしているものだが、ヤスパースのヒューマニズムをその偉大さに数えたい。ヒューマニズムは今日ではもはや通用しないとか、超克《ちょうこく》されなければならないとか、アンチ－ヒューマニズムであるとか、いろいろな掛け声があるが、しかしそれは、いずれもヒューマニズムの歴史的衣裳《いしょう》にのみこだわっていて、なぜいつの時代にもくり返しヒューマニズムというものが問題になるのかといった、人間そのもののうちに根ざしているヒューマニズムへの要求を考えていない。ヒューマニズムは、実はその根本において、人間が人間であるに値する人間として生きるための根本条件を問題にする態度なのである。そうだとすれば、ヒューマニズムは哲学の対象である以前にすでに哲学の主体であり、哲学の生命であろう。過去の偉大な哲学において、そうした人間の根本条件を問わなかった哲学がかつてあるであろうか。だが現代にあっては、外的にも、内的にも、そうした根本条件を無視し、人間の単なる現存在のみを重視する傾向が強まりつつある。そうしたなかにあって、どこまでも人間の根本的な存在条件を問題とするヤスパースのヒューマニズムの姿勢は、高く評価されてよいであろう。ヤスパースのさまざまな政治的発言も、このヒューマニズムから、つまりかれの哲学することから理解されなければならないはずである。しかし、前置きはこのくらいにして、本文にはいろう。

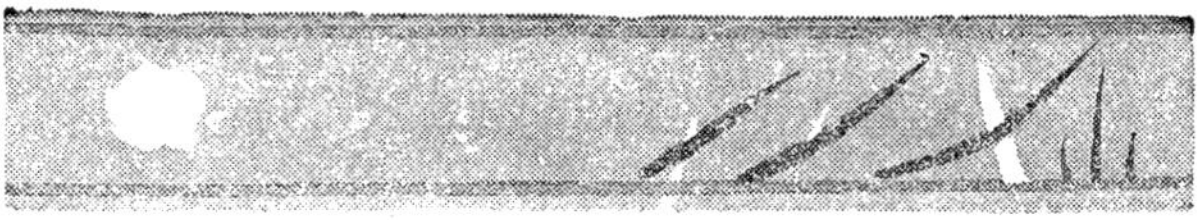

目次

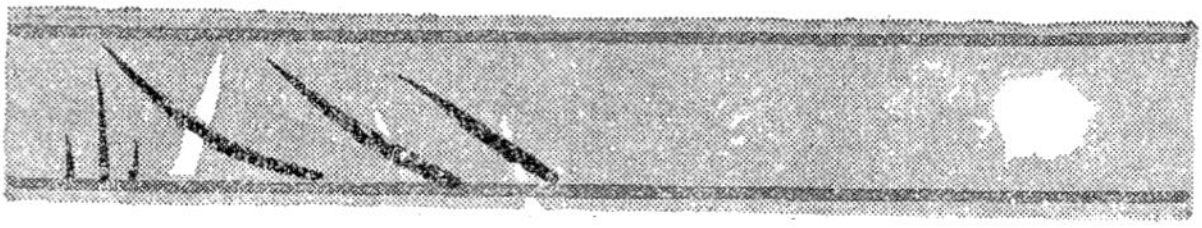

ヤスパースは少年時代を生地オルデンブルクで，青・壮年時代をハイデルベルクで，老年時代をバーゼルで送っている。

I

ヤスパースの歩んできた道

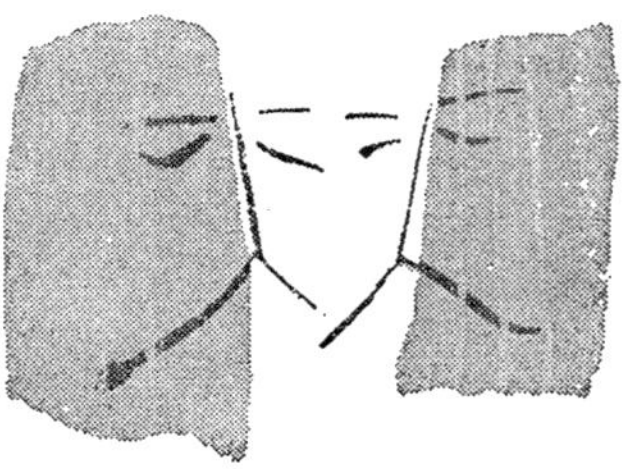

第一次世界大戦まで

少年時代の家庭と環境

現代の思想家ヤスパース　カール＝ヤスパースは、一七世紀のデカルトや一八世紀のカントとはちがって、われわれが生を受けている二〇世紀の偉大な思想家である。そして、つい先ごろまで旺盛な思索活動を続け、つぎつぎと新しい著作を世に送りだしてきた。このことを考えると、デカルトやカントよりも、ヤスパースの方が、はるかにわれわれに身近かな思想家である、といえよう。たとえヤスパースが、日本人ではなく、日本から遠く離れたヨーロッパの人であるにしても、とにかく、われわれと同じ二〇世紀の地球上の運命をともにになって思索してきた思想家だからである。

だがしかし、今度は逆に、ヤスパースがわれわれと同時代の人物であるだけに、かえって歴史上の人物であるデカルトやカントの方が、その思想に関しても、また人物に関しても、われわれによく知られているともいえる。高等学校の倫理・社会を学んでいれば、だれでもデカルトやカントのおもな著作の名は知っているだろうし、『身心二元論』といえばデカルトを、『定言命法』といえばカントを、それぞれ結びつけることを知っているだろう。あるいはそれ以上に、いろいろな逸話のたぐいまで知っているかもしれない。たとえば、デカルトが三〇年戦争に参加し、冬営の炉部屋《ろべや》で、その生涯《しょうがい》の思索を決定するにいたった三つの夢をみたとか、カントが日課としていた散歩の道筋と通過時間はいつもきちんときまっていて、道でカントに出会った人はそれで自分の懐中時計の針を合わせたとか、カントがこの日課を破ったのは、ルソーの『エミール』に読みふけった時だけだとか、など。

過去の偉大な思想家には、必ずといってよいほどその詳細な伝記があり、また多くの場合その人の完全な全集があって、日記や手紙や未発表の草稿や、時には書き損じて捨てられてあったノートや紙片のたぐいまでもが収められている。その人の生涯を知ったり、逸話を知ったりするには、事欠かないわけである。もっとも、その材料が多すぎて、どれが本当だかわからなくなり、改めて伝記や史料をつき合わせてみなければならない場合がある。だがこれはいわばぜいたくな悩みで、現代の思想家には、その人がすでに公にした著作を除けば、材料はほとんどないといってよく、それだけにその思想家の人物や経歴を知ることは、過去の思想家の生涯を知るよりも困難である。もちろんその思想家に日ごろ親しく接している人ならば、歴史上の人物よりもはるかにその思想家の方をよく知っているはずだが、それはごく限られた範囲の人でしかないであろう。思想家の手記や手紙が生前に公にされるということは——それを思想家が意図的に作品として発表する場合は別として——まずないし、また子どもむきの絵本の偉人物語や立志伝ならともかくとして、同時代の人物の伝記などは、求める方がどだい無理なのである。

ヤスパースの『哲学的自伝』

それでは、われわれは、ヤスパースのこれまでの経歴について、またヤスパースがなぜ哲学を志すにいたったかについて、何も知ることはできないのであろうか。実はそうではない。というのは、ヤスパースその人が、一九五三年、つまり七〇歳のときに、自ら筆をとって自伝を書き、それを一九五七年にシルプという人が編集した論文集『カール＝ヤスパース』に、『哲学的自伝』という表題をつけて発表しているからである。もっとも、ヤスパースは、すでに一九四一年にイタリア語訳のヤスパース論文抜粋《ばっすい》集の序として『私の哲学について』という簡単な自伝を含んだ自著の解説を書いているし、また一九五一年にはバーゼルのラジオ講演で『哲学への私の道』という、これも簡単な自伝を公にしている。ごく最近にもザーナーという人が編集したヤスパースの自伝や病歴や日記を含む二〇〇ページ近くの本が、『運命と意志』という表題で出版された。だが、分量からいっても、内容からいっても、一九五七年に発表された『哲学的自伝』の方がはるかに重要で、われわれはこの自伝のおかげでヤスパースのそれまでの経歴をかなり詳しく知ることができるのである。

ところで自伝は、他人が書いた伝記とちがって、本人が自分自身について書くのであるから、特にそれが思想家の自伝である場合は、その思想家の思想を内から明らかにしてくれるものとして、きわめて重要な意義をもっている。思想はその生成の根源において思想家の生とわかちがたく結びついているが、思想と生とのそうした連関を思想家自身が再確認し、それを他人に伝えるのが自伝であって、生の哲学者に数えられるディルタイが、自伝を「生の理解の最高の形式」として重視したのも、この理由によるのである。このような意味での自伝は、自伝と銘うったものに限らず、もっと広い範囲の作品にも適用されよう。たとえば、アウグスティヌスの『告白』も自伝であり、ニーチェの『この人を見よ』も自伝である。われわれはこれらの作品を通じて、思想を思想家の生において、あるいは魂において感得する。他の作品においては、ましてや他人の書いた啓蒙的な解説書においては、感得できないものを自伝が提供してくれるのである。

ヤスパースの『哲学的自伝』も同様である。この自伝は、単なる生活記録ではない。「哲学的」という表題が示すように、そこで語られていることはすべて哲学の問題であり、ヤスパースの哲学への姿勢である。ヤスパースは、この自伝の序文のなかで、「哲学は精神の営みとして人生行路と切り離せない関係にある」といい、また、「およそ実生活において哲学に関係のないようなものは何ひとつ存在しない」と語っているが、このことは、実はヤスパースが実生活のすべてを哲学に賭《か》け、どのようなできごとに関してもそれに哲学的態度をもって対処してきた、ということを物語っている。ディルタイふうにいえば、ヤスパースの「生の連関」は、「哲学すること」という一事を目的としており、それによって統一されているのである。

現実のなかでの思索

だがこのことは、ヤスパースが書斎《しょさい》で営む哲学以外のことには無関心だったというふうに理解されてはならない。第二次世界大戦後、ヤスパースは戦争の罪について、歴史の起源と目標について、原爆について、政治について、活発な発言を続けてきた。これは書斎にひきこもって過去の哲学者の学説の研究に専念するといった、われわれがともすればいだきがちな「哲学者」のイメージとはほど遠いものである。しかし、本当に哲学するということは、常に与えられた現実のなかで思索することであり、ひるがえってまた、そうした現実に思索しつつ対処することであろう。そしてまさにそのような意味において、「およそ実生活において哲学に関係のないようなものは何ひとつ存在しない」のである。ヤスパースの文明批評や政治発言は、いわゆる知識人にありがちなその場限りの思いつきによるのではなく、その背後には厚い層をなした哲学がある。ヤスパースが原子爆弾や政治について語る場合でも、それが現実のなかで哲学することからの発言であることを見のがしてはならない。

ヤスパースが、かつて西ドイツの政治的現実をきびしく批判したのに対して、同じ西ドイツの『シュピーゲル』誌がヤスパースをフィロポリティカー（Philo-Politiker＝政治を愛する者の意味）とからかったそうである。これはもちろん、フィロゾーフ（Philosoph＝知恵を愛する者、すなわち哲学者）を念頭においてのことであるが、しかしこのことばは、かえってヤスパースを喜ばせたかもしれない。洋の東西を問わず、職業的な政治家のなかに、本当の意味で政治を愛している者が何人いるだろうか。政治家たちがよく口にする国家百年の計といったことばに惑わされてはならない。プラトンが「哲人国家」で主張したのは、真に知恵を愛する者のみが真の政治家たりうる、ということであった。政治家にまず必要なのは、人間のポリス、すなわち共同体が本来いかなる理念によって維持されるべきかについての知恵である。後で触れるように（「人類の未来のために」の項参照）、ヤスパースの政治理念は、自由に基づく人類の統一にあるが、この理念こそはヤスパースの知恵から、つまりその哲学的思索からうみ出されたものなのである。

『哲学的自伝』について、なお一言すれば、これはヤスパースの知的誠実さの産物である。ヤスパースの哲学は、これも後で述べるように（「ヤスパースの哲学」の項参照）、個人の実存と公開的な理性とを二つの極とし、その二極の緊張関係のなかで営まれる思索である。それは簡単にいえば、すべてのひとびととの理性による公の「交わり」において個人の実存を主張する、という方向にむかっている。自伝において自らの哲学を語るという努力は、理性のために、思想の公の伝達のためになされているのである。自己をかくさず、偽らず、自己の思想を誠実に他人に伝えること、これはまた、その人の思想の真実性を保証する条件でもあろう。だが自伝のもつ意味についてはこのくらいにして、自伝そのもののなかにはいっていこう。

マルクス

生いたちと当時のヨーロッパ

カール＝ヤスパースは、一八八三年二月二三日、現在の西ドイツの北海沿岸に近いオルデンブルクで生まれた。一八八三年という年は、世界史の将来にとっても、またヤスパースの後の運命にとっても、きわめて象徴的な年であった。なぜならこの年は、同じカールという名をもつマルクスがロンドンの陋屋《ろうおく》で生涯を閉じた年であり、また後にファシスト党を結成して世界を二度目の動乱に導いたムッソリーニの生まれた年でもあるからである。

一八七一年一月一八日、パリ郊外のベルサイユ宮殿では、おごそかな即位式が行なわれていた。プロイセン（プロシア）王ウィルヘルム一世が皇帝の冠を受け、ドイツ帝国の初代皇帝の位についたのである。ドイツ帝国といっても、それは二二の君主国、三つの自由市、一つの帝国領から成る一種の連合国家であったが、しかしドイツ人は、これで初めて民族的統一国家を組織したのであった。帝国の中心はもちろんプロイセンであり、普仏戦争を勝利に導いたビスマルクが帝国宰相として、統一されたドイツの内政の基礎を固めていった。ビスマルクはまず、宗教と政治との分離をはかり、帝国内のカトリックの諸団体をドイツ化して、その宗教的勢力を消そうと試みた。これがいわゆる「文化闘争」であるが、しかしカトリック教徒の反抗は予想以上に強く、一八七八年の総選挙では、カトリック教徒の支持する中央党の議席がかえって増加するほどであった。ビスマルクはそこで政策を転換し、文化闘争をうちきってカトリック教徒に譲歩するかわりに、中央党の支持を得ることに成功した。

他方、経済面では、普仏戦争の結果ドイツ領となったアルサス・ロレーヌがばくだいな産業資源をドイツにもたらしたし、また賠償金として得た五〇億フランの金の威力も絶大で、ドイツは独立後急速に資本主義国家へと変貌《へんぼう》していった。しかし戦後のブームは、一八七四年から急に沈滞期にはいる。そして翌年の一八七五年には、すでに六〇年代に結成されていたドイツ労働者の二大勢力が合同した。つまり右派と呼ばれるラッサールのつくった「ドイツ労働総同盟」と、左派と呼ばれるリープクネヒトやベーベルによってつくられた「ドイツ社会民主労働党」との合同で、両派はゴータで大会をひらき、「ドイツ社会主義労働党」を結成した。ちなみに、マルクスの『ゴータ綱領批判』は、この合同綱領の批判である。

合同した労働党の勢力は急速に伸び、二年後の一八七七年の総選挙では五〇万票の投票を集め、帝国議会に一二の議席を獲得した。しかしその翌年、ウィルヘルム一世の暗殺未遂事件が二度も続き、これを機会としてビスマルクは「社会主義者取締り法」を議会で成立させる。労働党は非合法団体とされて、その指導者たちは投獄されるか、国外に亡命せざるをえなくなった。以後ビスマルクは、保守諸政党の支持によって、漸進《ぜんしん》的な社会改革への道をひらき、また保護関税政策をとって、「ドイツ帝国」の基礎をいっそう強固なものとしたのである。ヤスパースが生まれた一八八三年は、ビスマルクの内政が最も安定していた時期であった。

一八八八年三月、ウィルヘルム一世が没し、その子フリードリッヒ三世が二代目の皇帝となったが、この皇帝は在位わずか九九日で世を去り、その後を継いで、当時二九歳のウィルヘルム二世が即位した。親政を主張する気鋭の新帝とビスマルクは事あるごとに対立するようになり、ついに一八九〇年、新帝は勅命によってビスマルクを宰相の地位から追放した。ビスマルク追放後のウィルヘルム二世は、「社会主義者取締り法」を廃止し、その結果、合法政党として結成された社会民主党が一八九〇年の総選挙に一挙に一五〇万票を獲得することになったが、しかしそうした方向とは別に、「ドイツの将来は海上にあり」として、大艦隊の建設を開始した。これはイギリスとの建艦競争をう

ビスマルク

み、それまで微妙な関係にあったドイツとイギリスとの関係を全く悪化させ、バランスを失ったヨーロッパは、やがて第一次世界大戦へと否応《いやおう》なしに突入していくのである。

だがそれにしても、普仏戦争が終わった一八七一年から、第一次世界大戦の始まる一九一四年まで、四四年間、とにかくヨーロッパには平和が保たれていた。これはビスマルクが、新生児ドイツが国力を充実してひとりだちするまではなんとかヨーロッパを平和状態にとどめておきたいと念じ、さまざまな外交手段を通じて、いわゆるビスマルク体制をしいたことによっている。つまりフランスとロシアという二大強国の間にはさまれたドイツが自国の安全のためにとった手段は、ドイツ・オーストリア・ロシアの新三帝同盟（一八八一）であり、ドイツ・オーストリア・イタリアの三国同盟（一八八二）であった。フランスの孤立化と、列強の勢力均衡をねらったこのビスマルク体制は、ともかくその意図を達成して、一九世紀末から二〇世紀初頭にかけてのヨーロッパの平和を保障したのであった。ヤスパースの少年時代・青年時代は、この平和の時代にあたる。二つの大戦を身をもって味わってきたバルト（一八八六生まれ）にせよ、ハイデッガー（一八八九生まれ）にせよ、みなこの平和な時代に青春を楽しみ、またひたすらその学問的修練を重ねてきたのである。当時かれらのうちでだれがはたして後年のドイツの悲劇を予知しえたであろうか。

ヤスパース家の自由な知的ふんい気

ヤスパースはまた、家庭においても、きわめて恵まれた環境のもとに生長した。同名の父カール＝ヤスパース（一八五〇〜一九四〇）は、オルデンブルクに近いイェーベ

ヤスパースの両親

ルラントの出身で、法律家から知事になり、後には銀行の頭取にもなったが、余暇には絵を描くことと狩猟を楽しむといった、教養豊かな紳士であったし、母のヘンリエッテ＝タンツェン（旧性、一八六二〜一九四一）は、これまたオルデンブルクに近いブトヤーディンゲン地方の生え抜きの旧家の出で、子どもたちを「限りない愛の光明でみたし」、また「激しい気性で勇気づけ」、「賢明な配慮をもって守ってくれた」のである。ヤスパース家の宗旨はプロテスタントであったが、しかし家庭内では宗教的に自由であり、信仰よりはむしろ「理性と信頼と誠実」とを旨とする家庭であった。

この恵まれた家庭についてはつつましく多くを語らないヤスパースであるが、そのかれが伝える次のエピソードは、ヤスパース家の自由な知的ふんい気を伝えてきわめて興味深い。

「高校の最上級生のとき、私は――堅信礼はすでに数年前に済んでいましたが――誠実であるためには教会を離れるべきではないかと思いつきました。私が父にこの意向を話すと、父はほぼこのように言いました。『それはおまえ、もちろんおまえのすきなようにするさ。だがおまえには、自分が企てていることの意味がまだはっきりわかっていないんだ。おまえは世の中にただひとりで生きているわけじゃない。共同責任の要求があって、個人が単純に自分だけの道を歩むわけにはゆかないのだ。われわれが秩序を守るからには、ほかのひとびとと一緒《いっしょ》に生きてゆくほかない。宗教による秩序というものもある。その秩序をみだすと、見通せないほどの悪が氾濫《はんらん》する。人間のあらゆる制度と同様に教会にももちろん多くの虚偽が結びついていることは、おまえの言うとおりだと思う。おまえが七〇歳にでもなれば、おそらく考えが変わるだろう。死ぬ前に、つまりわれわれがもはや世の中で活動できなくなったときに、教会を離れることで、問題を解決してもいいんだ。』

父は七〇歳をこえると、本当に教会から離脱しました。父は教会当局に内密にことを処理してくれるように頼みました。数日後に牧師がきました。父は言いました。『牧師さん、このことについては何も話さないのがわれわれふたりにとって一番よいのではないでしょうか。私が理由を述べると、あなたは気分を害されるでしょう。しかし私の決意ははっきりしているのです。』牧師は父を詰問しました。それに対して父は答

ヤスパース5歳のころ

えました。『私は年をとったし、死ぬ前に私のいろいろな関係を整理しているのです。私は教会が教えたり、したりすることにめったに同意しませんでした。一つだけ例をあげると、最近ある若い男が自殺しました。教会は自殺が罪であると宣告し、牧師はその葬式を拒みました。そのとき私は考えたのですが、どうしてあなたはそうした判決ができるのか？　もはや死者に手の出せないそのあなたが、どうして遺族の者をそのように苦しめることができるのです！　牧師さん、あなたは私がなぜ自分の離脱を不必要にひとに知らせたがらないか、おわかりになるでしょう。このことがほかのひとびとにとってなんら問題にならないでほしいのです。』九〇歳で死の床にあって別れを告げたとき、父は恩義のあった信心深い女医にむかって言いました。『信仰・愛・希望と言われてますが、――信仰には私は重きをおきませんね。』」

「……キルケゴールは、あなたはなぜ信仰するのかという問いに、父がそれを教えてくれたから、と答えましたが、私の父は別のことを私に教えました。……誰《だれ》も私に祈りを教えませんでした。しかし私の両親は、畏敬《いけい》の念を抱《いだ》きつつ、誠実と信義という指導理念をもち、いっときも気をゆるめない勤勉さで、自然の壮麗さや精神的作品の内容を自由に援用しながら、私たちをきびしく教育しました。両親は私たちを一つの充実した世界のなかで成長させたのです。」

ヤスパース家の知的ふんい気を知るには、これで十分であろう。理性・誠実・信義・愛・真の畏敬・人間の連帯・共同責任――これらはいずれも後年のヤスパースの哲学のうちに見いだされる基本的な諸概念である。教会とは別の根源からの思索と信仰は、これも後に「啓示信仰」に対する「哲学的信仰」として定式化される。いっさいはすでに少年ヤスパースが育った家庭のうちに準備されていたといっても、いい過ぎではないであろう。

ギムナジウム時代

一八九二年から一九〇一年まで、ヤスパースはオルデンブルクのギムナジウムで教育を受けた。ギムナジウムは古典語教育を中心とする九年制の学校で、日本でいえば小学校の四年から高等学校の三年までにあたる。ヤスパースは優等生ではあったが、決しておとなしくはなく、理性に反すると思われる命令には盲従しないで、どこまでも抵抗した。たとえば、その当時すでに学校にはいりこんでいた軍事教練は、本来の教育制度とは無関係だと主張して、校長からそれは反逆の精神だと非難されることもあった。また、ギムナジウムには「オブスクラ」「プリマ」「サクソニア」という三つの生徒会があって、そのどれかに加入することになっていたが、ヤスパースはそれらの生徒会が両親の社会的身分や職業によって区別され、人格的な友愛に基づいたものではないという理由から、そのどれにも加入することを拒否した。同級生は初めはヤスパースの態度を理解していたが、後には非難するようになった。ヤスパースが親友と週末のハイキングをしたところが、その親友の所属する生徒会はかれを除名するとおどして、ヤスパースとの交友を絶つように要求した。その親友は生徒会に残り、ヤスパースから離れていった。ヤスパースはこのことでも校長から叱責《しっせき》され、また友人たちから孤立するはめになった。

この事件をきっかけとしてなのか、それとも、もともと内攻的な性格がそうさせたのか、ヤスパースは孤独を愛するようになった。父親が借りてくれた大きな狩猟場で、すばらしい自然の景観を楽しみながら、ヤスパースはひとり気のむくままに休暇を過ごすようになった。一七歳のとき、そしてそれが初めてだと思われるが、ヤスパースが手にした哲学書は、スピノザの著作であった。「スピノザが私の哲学者となった」のである。孤独な生を静かに送ったスピノザにヤスパースが心をひかれたのも、理由なしとしないであろう。ヤスパースはまた、好んで旅行に出た。そして穢《けが》れのない自然のなかで、スイスのエンガーディンや北海の海岸で、孤独な自己を味わっていた。

おまけにヤスパースは、幼少のころから慢性的な病気に悩まされていた。その病気は気管支拡張症と心臓不全で、連れられていった狩りの最中に発作が起こり、森の中の人目のない場所で苦い涙を流しながらしゃがみ込んでしまうこともたびたびあった。病名がわからない間は、誤った処置のせいで熱の発作にも苦しめられた。一八歳のときに初めて診断がつけられ、病名がわかったわけだが、この疾患を詳細に記述した病理学者ウィルヒョウの論文をヤスパースが読むと、そこにはこの患者は遅くとも三〇歳代には全身化膿にて死ぬと書かれてあった。ヤスパースは自分の生に課せられたこの運命に、いやでも対決せざるをえなかった。そこでヤスパースが冷静に選んだ道は、「病気を基準として、だが病気のとりこにならずに、全生活の方針をたてる」という道であった。

スピノザ

病気は徒歩旅行・乗馬・水泳・ダンスといった青年時代の喜びをヤスパースから奪ったが、しかしそれ以上のものを与えもした。病気は兵役の義務を、したがってまた、戦死の危険を免除してくれた。だがそれよりもなによりも、ヤスパースにその後の研究の心構えを与えてくれたことの方が重要であろう。研究は健康な状態のときに集中的になされなければならないが、それには本質的なものを把握する勘や、瞬時の着想や、迅速な構想が必要であるし、またどんな短時間でもそれを研究のために利用すること、中断されがちだからこそいかなる事情のもとでも執拗《しつよう》に研究を続けること、そうした心構えが必要になる。三〇歳どころか八六歳の長寿を全うするまで病気をおさえ、孜々《しし》として思索を重ねてきたヤスパースを見ると、病身であったことがかえってヤスパースにとって幸いしたのではないかともいえる。「長生きするには病気でなければならぬ」とは、ヤスパースが中国の諺《ことわざ》として引用していることばであるが、しかしそれだからといって、だれもが大思想家になれるわけのものではない。それにはやはり病気にうちかつだけの強固な自制心と冷静な配慮とが、そして、それに基づいた旺盛にして持続的な思索と研究の心構えとが必要なのである。

精神病理学者への道

法学部から医学部へ移る

高校時代にスピノザに触れたヤスパースではあったが、しかし、大学にはいるに際しては、哲学を研究しようとか、ましてや哲学を教えることを後の職業にしようとかは、全然考えなかった。父親は、息子が芸術や文学や哲学を愛好しているから、精神科学を勉強したいというだろうと思っていた。しかしヤスパースは、将来は弁護士として実社会で活躍したいと思い、大学では法学を専門に選んだ。こうしてヤスパースは、まずハイデルベルク大学で法学を学ぶことになったが、しかしかれは、これまで自分にとって未知であったこの学問に、どうしてもなじむことができなかった。ヤスパースは法学の「社会生活に関する抽象的概念操作」に幻滅を感じて、自分の性に合った文学や芸術や演劇の観賞に熱中した。法学だけではなく、やがて乗り出して活躍するつもりであった実社会のさまざまなからくりや不正も、ヤスパースを失望させた。「人間の世界とも自分自身ともなにかしっくりしない、これが生活の根本気分でした。ところがこれとは別の世界、すなわち、自然、芸術、文学、学問は、なんとすばらしかったことでしょう！　しかしそれでも、愛する両親の感化と庇護《ひご》のおかげで、人生への信頼感がすべてに優先することには変わりはありませんでした。」

社会の虚偽をきらい、孤独を楽しみ、芸術と自然を愛したヤスパースも、これから先の人生を何を職業として生きていくかについては、真剣に考えざるをえなかった。漫然と法学部に籍をおいていては、どうにもならないであろう。具体的な方針を、大学での研究目標を、まずはっきりさせなければならない。そうした悩みをいだきながら、ヤスパースはイタリアへの旅行に出かけた。一九〇二年のことであった。

国境を越えてスイスへはいると、観光地で有名なサン-モリッツの近くに、シルス-マリーアという土地がある。高山に囲まれた湖畔の景勝地で、ニーチェがたびたび夏を過ごし、またその湖畔の巨岩のかたわらで有名な「永劫回帰《えいごう》」の思想に思い至ったという、ニーチェにきわめてゆかりの深い土地であるが、ヤスパースもこの地を訪れた。そしてこの地で、ニーチェのように霊感に導かれてか、法学部から医学部への転部を決意し、その旨を両親へ書き送った。「……私の計画はこうです。規定の学期数を修了して、医師の国家試験を受けます。そのときになって、いまのように能力ありという自信があれば、私は精神病学と心理学の研究にすすみます。そうなれば、私はさしあたって精神病院の医師になるでしょう。そしておそらく最後には、心理学者として、たとえばハイデルベルクのクレペリンのように、学究の道にはいるでしょう。しかしこれは確実ではなく、私の能力いかんによるのですから、公言したくはないのですが……。だから、医学を学んで温泉医になるか、それとも精神医のような専門家になる、というのが一番《いちばん》適切です。それ以上は、自分としては期するところがあるにしても、あとではじめてはっきりするでしょう。」

大学での哲学に対する失望と不信

ヤスパースが医学部への転部を決意したのは、一つにはただでさえ幻滅を感じている実社会で病身の自分が弁護士として活動するなどは不可能であり、それよりは静かな学究の生活を送りたい、またたとえ学者にはなれなくても、時間的に比較的ゆとりのある温泉医か精神医ならやっていける、といった生活への配慮があったのかもしれない。ヤスパース自身も、『哲学への私の道』のなかで、学問の道が途中で挫折《ざせつ》しても、「実際に有用で、それでもって生活をしていくことができるような一つの職業だけは学ぶことになる」と語っているからである。しかしこれは、どこまでも副次的な理由であろう。ヤスパースの志向は、すでに哲学にむかっていた。哲学だけが真理を、そしてわれわれの生活の意義と目標とを与えてくれる、とヤスパースは確信していた。だが大学での哲学の講義は、ヤスパースを失望させた。それは無味乾燥な認識論と心理学の講義であったし、哲学史の講義は単にこれまでに現われた哲学の諸学説を紹介するだけのものであった。ただ一つ、法学部の学生のときにミュンヘンで聴講したテオドール＝リップスには感銘を受けたが、しかしそれもリップスの「人柄」についてであって、その講義はほとんど興味を惹《ひ》かなかった。ましてほかの哲学の教授たちは、人間としても尊大で独善的な様子があったので、ヤスパースはかれらにいつも一種の反発を感じていた。

ヤスパースは自分にいいきかせた。≪現実の世界にあってそれと共に生きなければ、すなわち何事かを行なうことがなければ、ほんとうに哲学することはできない。哲学への道は、講壇で語られているような抽象的な思考の道ではない。だがそれならば、私は何をなすべきであろうか。ともかく、人間についての事実を知ろう！　大学の哲学が与えてくれるのは、科学的というヴェールをかぶったいかがわしい臆見《おくけん》だけだ。これは事実についてのほんとうの科学ではない。まず現実を、事実を、知らなければならない。リップスの心理学的認識論といえども、まだ人間の全体についての事実的知識に立脚していない。心理に立入るまえには、まず医学の勉強が必要だ。医学こそは自然科学の全体と人間とに関して最も広大な視野をひらく学問なのだ。》哲学は科学ではないが、しかし科学なしに哲学はありえないという考えは、それ以来ヤスパースの一貫した信念となった。

医学部での研究と生活

ベルリン大学へ移ったヤスパースは、医学の本格的な勉強にとりかかった。学期の初めに、ミュンヘン時代によくチェスをやった工学部の友人に会ったので、ヤスパースは医学を勉強しているという話をした。友人はいった。「まあいいさ、それもまあ、しばらくはおもしろいだろう。」ヤスパースはそれに対して何もいわなかったが、心のなかで反発した。ヤスパースの告白によると、このとき以来、全力を尽して、中途で挫折などせず、医学を勉強する、という決心が定まったのである。

ヤスパースは終日解剖《かいぼう》学教室や、化学や動物学の講義に出て、さまざまな事実を学んだ。当時のヤスパースにとっては、研究室や病院で経験をつむことが、現実を意味していた。教科書で読んで覚えるよりも、自分自身の目で確かめることが重要だと考えたヤスパースは、講義よりも研究室に出ることが多く、また公立病院やヘルゴラントの動物生態観測所で生活したりした。事実についての知識が蓄積されていくにつれて、知識欲の目標もまたしだいに明らかになってくる。事実をただ知ることではなく、それを何によって、またいかにして知るかということが、つまりは方法の問題が、ヤスパースの心を占めるようになってきた。解剖学の試験は、「脊髄の構造について」という問題であったが、ヤスパースは教科書通りの記述をするかわりに、研究の方法と、解剖の過程において研究対象がどのように知られてくるかを検討した。これは解剖学教授メルケルを驚かせたが、この方法的原則――つまり対象の平板的な叙述ではなく、対象がそれぞれの場面でどのようにあらわれてくるかをその過程にそって叙述するという原則こそは、後にヤスパースが最初の大著である『精神病理学総論』に適用した原則であった。これは一種の現象学的方法ともいえるもので、ヤスパースは医学研究の過程で、すでにそれを自らにして体得していたのである。

ゲルトルートとの出会い

一九〇七年夏、ヤスパースはひとりの医学生と親しくなった。ヤスパースは同年齢で同期のこの友人――エルンスト＝マイヤーとは、生涯を通じて親交を続け、かれから多大の哲学的啓発を受けることになるが、しかしそれとは別に、かれに連れられてかれの姉に会ったことが、ヤスパースの孤独な性格を一変させ、生涯を決定するできごととなった。

「私が彼女の弟と一緒《いっしょ》にはじめて彼女の部屋に入ったとき、この瞬間は私にとって忘れられないものになりました。彼女は大きな書き机にむかってすわっていましたが、部屋に入った私たちに背をむけたまま立ちあがり、ゆっくり本を閉じてから、私たちの方にむきなおりました。私は彼女の動きを一つ一つ目で追いましたが、その動きは装う風もなく、型にはまってもなく、落ち着いた明るさのうちに、無意識に彼女の魂のきわめて純粋な本質を、魂の気高さをあらわしているように見えました。私たちはずっと前から知りあっていたかのように、話はたちまち人生の根本問題に及びましたが、このことはすこしも不思議な感じを与えませんでした。私たちの間には、最初の瞬間から、はかりがたい、決して予期できないような一致があったのでした。」

エルンストとその姉ゲルトルート＝マイヤーは、一七世紀来マルク＝ブランデンブルク州に定住した敬虔《けいけん》なユダヤ人の家庭の出であった。ヤスパースが出会ったとき、ゲルトルートは大学にはいって哲学を勉強するために、高等学校卒業資格検定試験を受けようと準備をしていた。彼女のただひとりの姉妹《しまい》は精神病に侵されていたし、親しい友人であった詩人ワルター＝カレは自殺した。ゲルトルートが看護婦の職を捨ててまで哲学を学ぼうとしていたのは、そうした精神的な悩みをいだいていたからである。一九一〇年、二人は結婚した。『哲学への私の道』でも、ヤスパースは最初の出会いについて語っている。「私も少年のころいくたりかの少女に魅せられたことがありますが、私に決められていて、私が忠実を守らなければならない私の妻を、たとえ実際に出会うようなことがないとしても、すでに私が知っているかのように思うことがたびたびありました。そこからつねに抑制がうまれました。それであの早熟な感激における生の歓喜が、まだ現実そのものへと飛躍することがなかったのです。一九〇七年に突然すべてが変化しました。そのとき私は二四歳でした。私たちは出会ったのです。」

精神病理学者への第一歩

国家試験に合格したヤスパースは、一九〇八年から一九一五年まで、まず医学実習生として、次いで内科クリニックの神経系疾患部門で研修を受けた後は、無給助手として、ハイデルベルクの精神科クリニックに勤務した。研究者としての第一歩をふみ出したわけである。クリニックの主任教授はクレペリンの後を継いだフランツ＝ニッスルで、彼はすぐれた脳組織学者であり、その下には同じくヤスパースの師であった医局長ウィルマンスを初めとして、多くのすぐれた精神医が集まっていた。ヤスパースは代理として以外には特に患者の診療には当たらなかったが、クリニックの一員としてさまざまな検査にたずさわり、裁判や傷害保険のための鑑定の仕事をし、また学生の保険組合で精神病の担当医をした。だがそうした外的経験よりも、ヤスパースに大きな影響を与えたのは、クリニックがもっていた高度の学問的ふんい気であった。定期的な集会では各メンバーがすぐれた発表をし、またそれに対しては徹底的な批判が加えられた。ニッスル教授すら、自分の見通しが成功しなかった場合には、いさぎよく自分の誤りを認めるほどであった。この学問的ふんい気は知的誠実さのふんい気でもあった。メンバーは、独断と偏見を容赦なく退けるこのふんい気のなかで、高度の精神的団結を誇っていた。後年のヤスパースが『哲学』で強調した人間相互の真の交わりが、つまり「愛を伴った闘争」が、この

ヤスパース（1910年）

フッセル

ディルタイ

クリニックのメンバーの間に成立していたのである。

フッセルとディルタイの方法を学ぶ

一九〇九年にヤスパースが提出した学位論文『郷愁と犯罪』は、ニッスルによって高く評価された。翌一九一〇年にも、ヤスパースは学会誌にいくつかの論文を発表し、しだいに新進の精神病理学者として注目されるようになった。そして一九一一年、ヤスパースはウィルマンスとシュプリンガーの勧めにしたがって、最初の大著である『精神病理学総論』をまとめにかかったが、この著述にあたってヤスパースが採用した方法は、それまでの精神病理学者のそれとは違って、二人の哲学者――フッセルとディルタイの方法であった。

ヤスパースがフッセルから学んだのは、事象についてさまざまな理論的解釈や構成を加えないで、その事象が意識に現われるままの姿を記述するという、いわば広義での現象学的方法であり、またディルタイから学んだのは、説明心理学に対する了解心理学の方法で、心的現象をその諸要素の因果的連関から説明するのではなく、その構造連関において了解するという方法であった。フッセルは当時すでに現象学という厳密学の理念を哲学に導入した哲学者として高名であり、ヤスパースも一九〇九年のフッセルの講義を通じて、現象学的方法の意義を高く評価していた。もっともヤスパースは、哲学者としてのフッセルの姿勢には疑問をもち、一九一〇年にフッセルが『ロゴス』という雑誌に発表した『厳密学としての哲学』という論文に対しては、それが傑作であることを認めながらも、明らかに哲学と科学を転倒するものとして、批判的であった。一九一三年に個人的にフッセルと知りあったヤスパースは、哲学に対するフッセルの尊大な態度にますます反発感をいだくようになった。つまりヤスパースは、哲学としての現象学は認めなかったが、その方法は科学的方法として有効であるとして、それを精神病についての体験の記述に応用したのであった。

『精神病理学総論』

『精神病理学総論』は、一九一三年に完成し、出版された。その後いくたびかの改訂を経て今日われわれの手もとにある第七版を見ると、全体は六部にわかれていて、第一部では精神生活の経験的な個々の事実が記述され、第二部と第三部では精神生活の連関が了解的連関と因果的連関の二面から考察され、第四部では精神生活全体の把握が、第五部では異常な精神生活の社会学的および歴史的観察が、第六部ではそもそも健康とか病気とかが何を意味するかという問題を含んだ人間存在全体についての考察がなされている。後年の改訂や増補を経てページ数が二倍以上にふえているとはいえ、これだけのまとまった内容をもつ著述を二十歳代の後半に仕上げたヤスパースは、たしかに非凡な能力の持ち主だといってよいであろう。

序論から明らかなように、この『総論』は、「一つの理論を基礎とする体系によって全領域に無理な力を加えるかわりに、個々の研究の道と見地と方法とを徹底的に分離することによってそれらをはっきりと際立《きわだ》たせ、それとともに精神病理学の多面性を示すことを試み」たものであった。当時のドイツの精神病学界では、精神病はすべて脳の疾患であるという身体医学の立場が主流を占め、他方に精神病は身体疾患ではなく、まさしく精神、すなわち人格の疾患であるとする狭義での精神医学の立場があったが、ヤスパースはそのどちらをも絶対的立場とは認めなかった。ヤスパースの考えでは、ある一つの立場なり理論なりを固定化し絶対視することは危険で、それはかえってもろもろの事象を歪曲《わいきょく》してとらえることになる。諸理論はどこまでも事実解明のためのいわば道具だてであり、事実を事実としてとらえるためには、むしろそれらの諸理論を相対化し、その後でそれらを改めて組織化することが必要である。ヤスパースが『総論』で意図したことは、精神病理現象を全体として解明するための一つの理論や体系を樹立することではなく、個々の現象を現象学的に厳密に記述し、またそれら現象についての既成の諸理論を吟味検討しつつ組織化することであった。

このような意図をもって書かれた『総論』に対しては、いくつかの非難もあびせられた。たとえば、「この精神病理学は対象的にまとまった全体の像を与えない。すべてがばらばらで、厳《きび》しく並立しており、素材と見地が多様なために紛糾している。病める人間存在の像が成り立っていない」といった批判が、それである。だがこのような批判が、ヤスパースに対する批判とはならないことは、前に述べたことから明らかであろう。ヤスパースは、人間について一つの全体像を与えるような科学的理論を拒否した。このことはまた、当時のヤスパースが科学的精神とは異なった哲学的精神にすでに目ざめていたことを物語るものであろう。同じ科学の道を歩むにしても、もしヤスパースが精神病理学という人間存在に密着した科学の道を選ばなかったら、後日の哲学者ヤスパースは存在しなかったかもしれない。精神病とは何かということを追究していけば、たとえばそこに、では正常な人間とはどのような人間かという問いが当然生じてくる。精神病ではない大多数の人間の平均値がそれだ、という解答が与えられるかもしれない。それでは、その大多数の正常な人間の特性はどこにあるのだろうか。ウィルマンスは、軽妙に、「正常とは軽い精神薄弱である」と定義した。しかしそうなると、もう正常とか異常とかいうことが何だかわからなくなり、正常でないのが異常で、異常でないのが正常であるという、循環論になってしまうであろう。精神病理学者も、その研究の最後の地点で、人間とは何かという哲学的な問いに取り組まざるをえないのである。

哲学部で心理学を担当する

『精神病理学総論』には批判もあったが、しかし多くのひとびとは改めてヤスパースのすぐれた学的才能に驚嘆した。ヤスパースは出版に先だってすでに『総論』の校正刷りを師のニッスルに見せていた。ニッスルは何日もそれを白衣のポケットにいれて持ち歩き、ヤスパースにはひと言も口をきかなかったが、他の同僚には、「りっぱなものだ、クレペリンをはるか凌駕《りょうが》している！」ともらしていた。三週間後、ヤスパースは突然ニッスルの自宅に招かれた。ニッスルはそこで初めてヤスパースの仕事を賞賛し、ところでハイデルベルク大学には目下欠員がないので残念だが、ミュンヘン大学のクレペリンとブレスラウ大学のアルツハイマーがそろってヤスパースに教授資格を与える用意があるから、そのどちらを選んでもよい、と語った。この申し出に対して、ヤスパースは、ハイデルベルクに残りたいこと、そのためには医学部ではなくて哲学部で心理学の教授資格をとりたいことを伝え、ニッスルもそれに同意した。こうして一九一三年秋、当時のハイデルベルク大学の哲学科の主任教授であったヴィンデルバントのもとで心理学の教授資格を得たヤスパースは、翌一九一四年の春から教壇に立ち、心理学の講義をすることになった。

ヤスパースと母（1912年）

ヴィンデルバントは、今日では『哲学史教本』や『近世哲学史』をあらわした哲学史家としてよく知られているが、当時のドイツ哲学界にあっては、その主流をなしていた「新カント学派」の代表人物で、同じ新カント学派でも、コーヘンやナートルプに代表されるマールブルク大学の「マールブルク学派」に対して、ハイデルベルク大学を中心とする「西南ドイツ学派」を創設した哲学者であった。新カント学派は、ヘーゲ

ヴィンデルバント

ルの死後停滞していたドイツ哲学界にカントの批判的精神を復活させようとして「カントに帰れ」と説いたリープマンに端を発し、しだいに理論的に整えられてさきの二学派にまで発展したが、この二学派はともに事実問題ではなくて権利問題を問うという点で、つまり事実についての認識がどのような過程を経て生ずるかを問うのではなくて、そうした認識が真であるための普遍的必然的条件はなんであるかを問う点で、確かにカントの批判哲学の方法を継承した学派であった。ただマールブルク学派が、どちらかといえば数学的自然科学的認識の基礎づけを重視したのに対し、西南ドイツ学派は広義での精神科学的認識と文化問題を扱い、価値意識のアープリオリ（先験的なもの）な構造を解明しようとした点に、両学派の違いがあった。

ところで精神事象の認識に関してそのアープリオリな構造を問う西南ドイツ学派の学風のもとでは、そうした精神事象の発生過程についての考察は事実問題にすぎないとして、哲学の領域から追放されることになるが、このことがかえって心理学の教授資格をとろうとしたヤスパースに幸いしたともいえる。ハイデルベルク大学哲学部の多くの――哲学科以外の――教授連中は、心理学の開講が必要であり、それが時代の要望でもあると考えていた。しかし西南ドイツ学派の哲学者たちは、先の理由から心理学を哲学のもとに包摂《ほうせつ》することを認めず、哲学風の心理学を軽蔑《けいべつ》していた。ヤスパースが心理学

マックス＝ウェーバー

の講師として適任とされたのは、実はヤスパースが哲学については全くの門外漢である「現実的経験的心理学者」とみなされたからなのである。ヴィンデルバントの没後にその後任としてフライブルク大学から転任してきたリッケルトも西南ドイツ学派の巨匠であり、ヤスパースを哲学者としては遇しなかった。世に学派と呼ばれるものが、また、それを主宰する学者たちが、いかに閉鎖的であり偏見に満ちているかを示す好例であろう。

マックス＝ウェーバーとの出会い

だがヤスパースもまた、西南ドイツ学派の哲学者を哲学者としては認めていなかった。哲学は科学とは別ものであり、ある意味では科学以上のものであると信ずるヤスパースにとって、西南ドイツ学派が目ざす普遍妥当的な価値についての科学的哲学といったものは、ナンセンスな代物《しろもの》でしかなかった。哲学にとって問題なのは、価値の体系をつくることではなく、価値を生きることではないか。価値の体系を求める自称哲学者たちは、はたして価値を生きているであろうか。ヤスパースが求めていたのは、自ら価値を定めてそれに生きている偉大な人格であった。ヤスパースはそうした人物を身近かに見いだした。それはひとびとが「哲学者」としてではなくて「社会学者」としてその学問的業績を高く評価していたマックス＝ウェーバーであった。

一八九六年フライブルク大学からハイデルベルク大学へ移ったウェーバーは、ほどなく健康上の理由から正教授の職を辞し、名誉教授としてハイデルベルクで自由な日を送っていた。ウェーバー邸には多くの著名な学者が出入りし、サロンでは毎夜のように学問や芸術についての議論がかわされていた。宗教学者エルンスト＝トレルチ、政治学者イェリネク、経済学者ゴータイン、言語学者フォスラー、第一次世界大戦で戦死した哲学者エミール＝ラスク、文芸史家フリードリヒ＝グンドルフ、精神病学者グルーレなどが常連で、ヤスパースは一九〇九年、グルーレに誘われて初めてウェーバーを知ったのだが、後にはウェーバー家と家族ぐるみの交際にまですすんだ。哲学への道を模索していたヤスパースにとって、ウェーバーとの出会いは決定的であった。ウェーバーは自分が哲学者とみなされることを拒否したが、ヤスパースはウェーバーのうちに現代に生きる「哲学者の化身」をみたのであった。

マックス＝ウェーバーから決定的影響をうける

一九二〇年、ウェーバーの死にあたって、ヤスパースは学生主催のウェーバー追悼《ついとう》祭で講演をし、さらに一九三二年にはウェーバー論を書いたが、そこでは次のように語られている。哲学者というものは、単に事実を認識する者より以上でなければならない。哲学者は時代の生命における心臓であって、しかも時代の前に鏡をおき、時代をいい表わすことによって、時代を精神的に規定する者である。したがって、哲学者はいつでも自己の人格と結びついた存在であり、哲学者であることに自己の人格を全部賭《か》けるといった人間である。ヤスパースは、そうした意味で、マックス＝ウェーバーのうちに「実存的な哲学者」を認めたのである。確かに、「マックス＝ウェーバーは哲学をなんら教えなかった。しかし、彼が一個の哲学であった」。ウェーバーは、「哲学者という理念に対して新しい実現を与えた」のであり、「哲学的実存に現代的性格を付与した」のである。

ウェーバーは、客観性を要求する社会学的認識は個人の主観的価値評価をまじえてはならず、どこまでも没価値的な認識でなければならないと主張した。ウェーバーは自己のくだす価値評価をふたたび認識の一般的対象にすることによって、知的良心をまもり、また研究の視野を無限に拡大していった。ところでヤスパースによると、この認識と評価の区別は、「生命に対する無関心」や「観照的な傍観の枕《まくら》」を意味するものではなかった。「幻想に陥らない真実の観察ということは、ウェーバーにとって、同時にきわめて強烈な評価に対する刺激でもあった。統一と完成は、その場合、客観的な形象としてではなく……むしろ瞬間的な、完成した総合に達したウェーバーの実存のうちにおけるいきいきとした動きとしてあった。この実存において、ウェーバーは、評価に際しては事実性を、事実の解明に際しては可能な評価を忘れなかったし、分離されているものや関係のなかで同時に分離されたままのものを、絶えず相互に関係させた。こうして、ウェーバーにおいては、（客観的事実と主観的価値評価という）対立者が無限の動性において結合されたのである」。

後に触れるように、ヤスパースの哲学は、客観性を要求する理性と、主体的決断に生きる実存との、「無限の動性」のうちに営まれる思索である。この根本姿勢こそは、おそらくヤスパースがウェーバーという人物の皮膚《ひふ》から直接感じとったものであろう。ウェーバーは、その著作においても、生涯においても、「断片家」であったが、しかし、「このことは彼の哲学的実存のうちに深い根をもっている」。ウェーバーを知るには、これら断片の全体のうちにある「一つの統一」を「直観」しなければならない。ウェーバーは死の前夜、「真実は真理である《ダス－ヴァーレ－イスト－ディー－ヴァールハイト》」ということばを残したが、これはヤスパースにとって、「実存の表現としての呪文《じゅもん》のようなもの」であった。主体的真実は客観的真理であり、客観的真理は主体的真実である。哲学が求めているのは、まさにこのような真実＝真理ではないであろうか。

第一次世界大戦から第二次世界大戦へ

『世界観の心理学』時代

第一次世界大戦

ヤスパースが心理学の講義を始めた一九一四年の夏近い六月二八日、ボスニアの首都サライェヴォを訪問したオーストリア皇室ハプスブルク家の皇太子フランツ＝フェルディナントとその妃《きさき》ゾフィーは、車で市庁へ向かう途中、突然群衆の中から出てきた一青年に爆弾をあびせられた。爆弾は三人の随員を傷つけたが、皇太子夫妻は無事で、市庁でのレセプションは予定通り行なわれた。皇太子はその後の予定を変更し、傷ついた随員を見舞うために車を病院に向けたが、今度は街角から銃声がおこった。フルースピードで走る車のなかで、皇太子夫妻は息絶えていた。犯人はガブリエル＝プリンチプというセルビア人で、一九歳の学生であった。

第一次世界大戦

七月二三日、オーストリアはセルビアにきびしい最後通牒《つうちょう》を交付し、その拒絶を待って、二八日、宣戦を布告した。セルビアを支援するロシアは三〇日に総動員令を発したが、これがオーストリアの同盟国であるドイツの宣戦を促し、そのことがまたロシアの同盟国であるイギリスとフランスの参戦をよんだ。こうして八月一二日には二陣にわかれた五大国が相手国のすべてに宣戦布告を完了し、ビスマルク体制によって四〇年間維持されていたヨーロッパの平和状態はくずれ去った。

第一次世界大戦とよばれるこの戦乱は、戦争というものについての従来の考え方を一変させた。主戦場はヨーロッパ内部に限られていたが、当事国以外の諸国も次々と参戦し、その規模は文字通り「世界」的となった。それは戦車や飛行機や毒ガスといった近代兵器による初の近代戦であり、おびただしい兵員と弾薬を投入しての消耗戦であり、国の総力をあげての総力戦であった。東部戦線でドイツ軍が一二万のロシア軍を殲滅《せんめつ》させたタンネンベルクの戦いも、わずか数日間で日露戦争の全弾薬消費量を両陣で使い果たした西部戦線のマルヌの戦いも、戦局を決定的なものとするには至らなかった。

やがてイタリアがドイツ・オーストリアとの同盟を破ってロシア・フランス側について参戦し、イギリスの海上封鎖に対してドイツのとった潜水艦による通商破壊戦は経済力豊かなアメリカの参戦をよんで、事態はようやく決定的となった。一九一七年のロシアの十月革命はドイツ・ロシア間の講和にまで発展し、ドイツは東部戦線の兵力を西部戦線に投入して大攻勢に転じたが、逆にイギリス・フランス側の反撃にあい、戦線維持も不可能な状態に追い込まれた。一九一八年一〇月三日、ドイツの首相マックスはアメリカ大統領ウィルソンに休戦と講和を求める提案を打電したが、崩壊《ほうかい》は国内から生じた。一〇月二八日キール軍港の水兵が起こした反乱をきっかけに、ドイツ各地に革命が続発し、一一月九日にはベルリンの労働者が蜂起して、政権は社会民主党の手に渡った。ウィルヘルム二世はオランダに亡命し、ドイツは連合国側のきびしい休戦条件に服して、一一月一一日午前一一時、四か年にわたった第一次世界大戦は終焉《しゅうえん》した。

大戦が政治への関心をよびさます

ヤスパースは子どものときから政治の話を耳にしていた。ヤスパースの祖父も、父も、母の兄弟たちも、オルデンブルク州の州会議員の経歴をもち、家族内でしばしば政治上の議論がかわされたからである。かれらはそろって保守的ではあったが、いわゆる自由思想の持ち主たちであった。ヤスパースもまたかれらの議論に加わることがあったが、しかし、それはどこまでも傍観者としてであった。『自伝』でヤスパースが告白しているように、「私（ヤスパース）の基本的態度は、一九一四年までは徹底的に非政治的」であった。ヤスパースはひたすら学問の世界に没頭し、研究に余念がなかった。皇帝の演説も、帝国政治の動向も、ヤスパースには全く無縁であり、むしろおぞましいものとすら感じられていた。ヤスパースの父はオルデンブルクの地方自治には献身的に奉仕したが、プロイセンについては快く思わず、プロイセンが牛耳《ぎゅうじ》る帝国議会に選出されることを拒んでいた。青年ヤスパースがドイツの政治に背を向けていたのも、あるいはこうした父親の姿勢に通ずるところがあったからなのかもしれない。

だが第一次世界大戦の勃発は、学究生活を送っていたヤスパースに新たな衝撃を与えた。「……一九一四年、戦争の勃発とともに、事情は一変しました。歴史的世界は震動しました。長い間確実と思われていた一切《いっさい》は、一撃で崩壊にひんしました。われわれはとめることも見通すこともできない過程のうちに巻きこまれたことに気づきました。われわれの世代は、それ以来ようやく破局的なできごとの奔流に投げ込まれているのをさとったのでした。」

ウェーバー邸の常連であり、鋭い智力と煥発《かんぱつ》な機智をそなえていた哲学者エミール＝ラスクは、一下士官としてすすんで戦場に行き、ガリツィアの戦いで戦死した。ウェーバーは、遺族に慰めの手紙を送った。

「これほど特殊で非凡な人間の死、しかもガリツィアの荒野で野蛮人と戦ったひとびとの〈大量死〉のなかの死ということになると、それをただちに正しく位置づけることなどは容易ではありません。こういったことについてはまず何よりも憤激するばかりです。もちろんただこの一事は言うことができます。ある人間が自分の弟子《でし》たちに教えてきたことの正しさを自分の死に方によって証明してみせるとすれば、それはまったく無意味なことではないということです。自分が戦場に赴《おもむ》くことを、心のうちに幻影を描くことのなかった彼は自分の〈呪《のろ》われた〉義務かつ責任以外の何ものともみていなかったのでした。……しかしまさにそのことを、しかもまさにこのようにすることが、いかにしばしばわれわれすべての人間はそういった見解に堪ええないかということをはっきり承知しながらも彼が講壇で説いていたあのいろいろな見解にふさわしいことだったのです。」（M・ウェーバー　大久保和郎訳『マックス＝ウェーバー』）

マックス＝ウェーバーから政治思想をも学ぶ

ヤスパースは、ウェーバーからドイツ国家はいかにあるべきかといった「国家的思考」を学んだ。世界史の情勢は、一大勢力に生長したドイツ民族の国家にのがれることのできない責任を負わせるのだ、とウェーバーは主張した。世界は将来、ロシア的専制政治の鞭《むち》とアングローサクソン的協商との間で分割されてしまうかもしれない。その場合、後世の人間は、小国の人間に対してではなくドイツ人に対して責任を問うだろう。ドイツ人の任務は、両者の間の第三のもの、すなわち自由解放の精神、個人的生活の自由と多様性、西洋の伝統の偉大さを救うことにある。ヤスパースはウェーバーのこの考えに共感した。

ウェーバーはまた、開戦の当初から一貫して無賠償・無併合の講和を提唱した。ドイツは自分の国土を守りぬけばよいので、それだけで東西の〈中間〉を救うというドイツの偉大な世界史的使命は果たされることになる。戦況がドイツに全く不利になった一九一八年七月、ヤスパースはハイデルベルク大学の政治クラブで、会員のひとりとして見解を発表した。ドイツの敗北は確実である。われわれは徹底的に譲歩し、占領地を放棄し、ベルギーに賠償を払い、ロシアとの旧国境を復元し、最後に正しい議会制度によるデモクラシーをドイツに導入することが必要だ。これは政治クラブから仲間はずれにされていたウェーバー――ウェーバー自身は、大戦中、すすんでハイデルベルクの野戦病院で〈奉仕〉していたが――の代弁でもあった。ウェーバーは、最悪の場合はイギリスやフランスの支配を受けても、ロシアの支配を受けてはならないと考えていた。前者はドイツ人の本質を抹殺《まっさつ》しようとは思わないであろうし、事実またそれをなしえないであろう。だが後者に支配されると、どの国の国民もその政治体制下ではその国の国民として存続することができないように、われわれもドイツ人として存在することをやめるであろう。ウェーバーは、第一次世界大戦でのドイツの唯一の功績は、ロシアのヨーロッパへの進出を今回のところはくいとめたことにある、と考えていた。第一次世界大戦についてのウェーバーのこうした考えは、第二次世界大戦後のヤスパースの政治発言の真意を知るのに、ある手がかりを与えてくれるであろう。

ウェーバーの政治思想は、ヤスパースに大きな影響を与えた。政治は「大政治」でなければならない。つまり「大局をみる目をもち、自らを制御し、誠実に力を尽くす政治、人類のできごと全体に定位した政治、世界の信頼がそれにむけられるように行動し、思考し、発言する政治」が必要である。もっとも、ヤスパース自身が告白しているように、ヤスパースにはウェーバーのもつ「英雄的風貌《ふうぼう》と破格の偉大さ」が欠けていた。「最後の、真生の、生粋《きっすい》のドイツ人」であったウェーバーとちがって、ヤスパースには「プロイセン国家やビスマルクが偉大であるという意識が欠如して」いた。ウェーバーはヤスパースより九つ年上であり、世代や生地―ウェーバーはエルフルトに生まれ、ベルリンで育った―や学的環境の違いがこの違いをうんだともいえるが、しかしこれは究極には両者の実存の違いによるとみるべきであろう。実存はまさに他の実存と代置不可能なことによって実存なのである。

『世界観の心理学』を書く

大戦中にもかかわらず、ヤスパースは大学での自分の本来の職務に、つまり心理学の講義に、全力を傾けた。環境がどのようであろうと、大学人の使命はどこまでも真理の学的探究にある。一九一四年、「性格と才能の心理学」というテーマで講義を始めたヤスパースは、続いて感覚心理学・記憶心理学・疲労検査といった経験心理学を講義し、さらに歴史上多くの病的人物について、その病歴誌を講義した。講義はしだいに了解心理学の領域にはいり、社会・民族・宗教・道徳といった、いわゆる精神科学が対象とする事象にまで及んだが、そうした講義のうちでヤスパースが最も力をそそいだのが世界観の心理学であった。この講義は、大戦終了の翌年にあたる一九一九年、『世界観の心理学』という表題をもつ四〇〇ページをこえる大冊の書物として出版された(なおこの書物は翌二〇年増補され、五〇〇ページ近くのものになった)。

ハイデッガー

この書物は、表題こそ心理学となっているが、内容はすでに哲学的な諸問題にかかわっており、しかもヤスパース自身が語っているように、そこには後に——一九三〇年代以降の円熟した哲学的著作において——哲学の根本問題として展開されるほとんどすべての問題が、あるいは半ば完成した形で、あるいは未だ萌芽《ほうが》の状態で含まれている。そうした意味では、この書物は「後になっていわゆる現代実存哲学と呼ばれるにいたったもののうちで最も初期の書物」といってもよい。一九二七年に、フッセルの編集する『哲学および現象学的研究年報』第八巻で公にされたハイデッガーの『存在と時間』が、よい意味でもわるい意味でもあまりにも魅惑的な書であって、ふつうはこの書が現代実存哲学のはしりとみなされているが、しかしハイデッガーもこの『存在と時間』のうちで三たびもヤスパースの『世界観の心理学』に触れ、この書物を「人間とは何か」を深く問う「哲学的傾向」をもつものとして高く評価しているのである。もっともヤスパースとハイデッガーは今日では袂《たもと》をわかち、互いに相手の思想を否定する傾向があるが、しかし、ここでそれに巻きこまれて書物の先陣争いなどにかかわる必要はないであろう。問題は、書物の内容である。

五人の哲学者の影響

ヤスパースは、高校時代に読んだスピノザを初めとして、すでに過去の多くの哲学者の思想に接していた。だが『世界観の心理学』の序論では、それを書くにあたって特に決定的な影響を受けた五人の哲学者の名があげられている。ヘーゲル・カント・キルケゴール・ニーチェ・マックス＝ウェーバーがその五人である。ヘーゲルの『精神現象学』は、ヤスパースによると、これまで試みられた世界観心理学のうちで、ほとんど唯一ともいえる偉大な体系的作品である。『世界観の心理学』の最も重要な部分といえる第三部の表題は、『精神の生』となっているが、このことは本書全体にみられる一種の弁証法的三分割構造とともに、ヘーゲルの強い影響を示すものであろう。後に「実存」とよばれる人間主体のあり方も、ここでは「精神」のうちに包括されている。ということは、「実

ヘーゲル

存」と「精神」を明確に区別する後の思想とくらべると、ヤスパースはこの書ではまだ真の実存思想に達していない、ということにもなろう。

カントについては、ヤスパースは、精神医学の研究のかたわらラスクのカント演習に出席し、特にその「理念」の考えに注目した（『世界観の心理学』の末尾には、付録として、『カントの理念論』が加えられている）。カントの場合、理性の理念は、それ自体は決して経験認識の対象とはならない超越的存在である――カントの『純粋理性批判』の弁証論は、神や世界全体や魂といった理念を対象化してとらえようとする旧来の伝統的形而上学の批判である――が、しかし個々の対象認識を全体として統一づけ統制する働きをもつものとして、その存在意義が認められる。ヤスパースは、世界観の叙述に際して、カントのこうした理念についての考えを利用したが、しかしそれは単なる利用の域を脱して、ヤスパースの哲学的思想そのものをはぐくむ力にまで成長した。後のヤスパースの「包括者」という考えにも、カントの理念についての考えが大きな影響を与えているとみてよいであろう。

キルケゴールとニーチェがヤスパースに与えた影響については、これまで多くのひとが語っていることで、いまさらここで改めて語るまでもないであろう。皮相な観察者には「キリストと反キリスト」のように見えるこの二人の思想家の間に、ある決定的な同一性があることを見抜いたのが、ヤスパースであった。ヤスパースが後に（一九三五）、オランダのフローニンゲン大学で講演した『理性と実存』の第一講は、『現代の哲学的状況の系譜（キルケゴールとニーチェの歴史的意義）』となっていて、そこではこの両者の共通点がみごとにえぐり出されている。キルケゴールとニーチェのヤスパースへの影響や「系譜」を知りたいひとにはこの箇所を読んでもらうとして、ここではただ、ヤスパースがすでに一九一三年からキルケゴールの著作に親しんでいたこと（『哲学への私の道』）、ニーチェについては、若い時代にはその極端さや熱狂さ加減に嫌悪《けんお》し、むしろ避けていたが、やがて現代で真の思想に達するためには「ニヒリズムを通ってこなければならない」ことを啓示してくれた人物として重視されてきたということ（『私の哲学について』）をあげるにとどめたい。ちなみに、ヤスパースは、一九三六年に『ニーチェ』という大冊の書物を著わしているが、キルケゴールについては、小論以外にまとまった書物を書いていない。

ニーチェ

マックス＝ウェーバーについては、すでに触れた。『世界観の心理学』では、ウェーバーの宗教社会学や政治学の論文が「一種の世界観心理学的な分析」を含んでいるとされ、また「世界観的価値づけと学的考察の分離」というウェーバーの根本姿勢が、「学的考察」としての『世界観の心理学』を叙述する際の基本になっていることが語られている。また世界観の分類にあたって、ウェーバーのいわゆる「理想型」の考えが採用されているのも、見のがせない事実であろう。

なおこのほかに、すでに「世界観学」を提唱していたディルタイをも、影響者のひとりに数えておきたい。

予言者的哲学と心理学　では、『世界観の心理学』という書物そのものは、どのような意図のもとに書かれた書物であろうか。ヤスパースはなぜ「哲学」のかわりに「心理学」を、しかも「世界観」の心理学を書いたのであろうか。「哲学」と「心理学」と「世界観」とは、どのように関連しあうのであろうか。

まず世界観とは何か。それは知識としてみれば、個々の科学に分化した部分的知識ではなく、まとまってある全体をなしている知識であり、「コスモスとしての知識」である。だが世界観は、単にそうした知識にとどまるのではなく、さらにすすんで事柄のよしあしといった価値を判定し、それによって人生いかに生きるべきかを決定する。つまりある世界観をもつということは、その世界観を知るというだけではなく、それを生きるということである。そしてヤスパースによれば、本来あるべき姿の哲学は「予言者的哲学」であって、それはひとびとに積極的に自ら信ずるところの世界観を与え、人生の意味と意義を示し、価値の秩序をはっきり設定する哲学なのである。「哲学という名は、もしそれが高貴にして力ある響きを保持すべきなら、それはこの哲学にのみふさわしいであろう。」

だが世界観の「心理学」は、直接ある一つの世界観を述べ伝えるといった予言者的哲学ではない。だから「いかに生きるべきかという問いに直接答えを得たいと願うひとが、この書物のうちにその答えを求めても、むだである」。世界観の「心理学」は、さまざまな世界観についての「普遍的考察」であって、それはそれぞれの世界観が人間のどのような精神力に基づいているかを明らかにする。心理学は科学であって、哲学ではない。だがしかし、ヤスパースの『世界観の心理学』は、「生の自由な精神性と活動性に、その方向づけの手段を提示することによって、訴えかける」働きをもっている。ひとは『世界観の心理学』から、自らの世界観を形成するための材料や手段を学ぶことができる。しかしそれにしても、世界観形成において何が本来重要かは、各人が自己自身の「原本的経験」において見いださなければならないのである。

「哲学」と「世界観」と「心理学」をヤスパースがどのように考えていたかは、以上でほぼ明らかであろう。哲学は世界観を与える予言者的哲学でなければならない。当時ヤスパースがこのように考えたのは、ウェーバーのほかにディルタイの影響、つまり生を究極の根源とする世界観の概念的表現が哲学であるという、ディルタイの見方の影響によるともいえるが、しかし、予言者的哲学という表現は、明らかに当時の時代精神の反映を示している。第一次世界大戦は、既成の価値秩序をも破壊した。科学者をも含めて、ひとびとは改めて生の指針を求めなければならなかった。確実な生の指針を、あたかも予言者のように毅然《きぜん》として示してくれる哲学者がほしかった。だが大学の講壇哲学者は、たとえば西南学派のように、価値の普遍的体系については語っても、どの価値をいま選ぶべきかについては、何も語ってくれない。ひとびとは失望した。だがだれよりも一番失望していたのが、同じ大学のなかでそうした哲学者を同僚としているヤスパースであった。予言者的哲学という誤解をうみやすい表現をヤスパースがあえて用いたのも、そうした理由によるのであろう。だが他方、ヤスパースは、ウェーバーの精神にならって、科学の領域で勝負しようとした。心理学という表題の書物を世に問うたのも、当時ヤスパースが心理学を教えていたという外的理由によるだけではなく、科学は予言から解放されている場合にのみ真であり、予言者のように目的は示さないが、しかしそれを実現するための手段を与える、と考えたからなのである。

後にヤスパースは、自分の『世界観の心理学』について、二つのことを反省した。まず第一に、本来の哲学は、決して予言者的哲学ではなく、「告知する哲学」でなければならない。それは理性と人間相互の交わりを基盤として、ひとに真理を訴えかけるという形で伝達される哲学である。第二に、科学的心理学とすでに哲学化された心理学とを明確に区別しなければならない。心理学は、経験的事実にのみ立脚し、そうした範囲内に自らを限ることによって、科学としての純粋性を保持しうるのである。だがこうした反省は、ヤスパースの『世界観の心理学』が、すでに「告知する哲学」を目ざした「哲学化された心理学」であったことを物語っている。そこで扱われているのは、「人間にとって世界はどのように存在しているか、という世界への問い、人間の状況と人間がのがれることのできない限界状況（死・苦悩・偶然・罪・闘争）、時間およびその意味の多次元性、自己を産出していく自由の動き、実存、ニヒリズム、世界観の核心である生ける精神に対する合理的体系としての外被、愛、現実的なものや真実なものの開示、神秘説への道と理念への道などへの問い」で、走り書きされたこれらの問題は、すべて後のヤスパースの哲学において改めて問いただされ、体系的に仕上げられるのである。

限界状況と世界観　一例として、「限界状況」をあげよう。限界状況は、日常われわれが出会うさまざまな偶然的状況とはちがって、人間がそこからのがれでることのできない、その意味で「人間存在そのものと結びつき、有限な現存在に不可避的に与えられた決定的本質的状況」である。それは具体的にいえば、われわれの生には常に苦悩や偶然や罪や闘争が伴い、また最後には死ななければならないといった、生を限界づける状況で、もしわれわれが生きている限りこの状況からのがれられないことを知ると、われわれはいったいどこに生のささえを求めたらよいかわからなくなる。そこには確固としたものは何一つなく、すべては流動的であり、相対的であり、分裂的であって、生のささえとなる全体的なもの・絶対的なもの・本質的なものは、どこにも見いだせないからである。ヤスパースがこの非日常的な絶望的な状況を人間の決定的状況とみたのは、生の限界に直面した大戦時の状況をヤスパース自身が深く体験したからであろう。だがヤスパースは、そうした状況を単に客観的状況としてではなく、いわば人間の主体の側での状況として把握した。そして人間がこの限界状況に対してどのような反応を示し、どのように対処するかに、「精神類型」であるし世界観の相違をみようとしたのである。

限界状況に面して絶望した精神は、それでもとにかく何かに自分のささえを求めようとする。ささえがなければ、生きていくことすらできなくなるからである。そこで精神がとる第一の類型は、かえって「無」をささえとし、世界の秩序に対して無関心もしくは不信頼の態度をとるもので、「ニヒリズム」や「懐疑主義」がそれである。第二の類型は、ふたたび有限的な限界づけられたもののうちにささえを求める「権威主義」や「自由主義」や「価値絶対主義」で、ヤスパースはこれらを「外被」(かたつむりが自分の外被である殻《から》にこもっている姿を想像すればよい)とよび、そこにみられる共通性は「合理主義」であるとする。第三の類型は、限界状況に直面しつつ、しかもある無限者のうちに自己のささえをおくひとびとで、ヤスパースがその最も代表的な人物とみるのは、キルケゴールである。人間は限界状況のうちで絶望しながらもなお神に帰依することができ、信仰の瞬間において自己のささえを神のうちに見いだすのである。

やがて明らかにされるであろうように、後のヤスパースの哲学的思索は、この限界状況から出発して、第三の類型の方向に発展していく。そうした意味でも、大戦下の混乱した精神的状況のうちでキルケゴールの思想に接したことが、ヤスパースの哲学形成にほとんど決定的ともいえる影響を与えたと考えられるのである。なお世界観の類型についていえば、ヤスパースはそれらを単に並列的に並べてみせているのではなく、いきいきとした精神の動的過程の諸段階として呈示しているのであって、したがって、そこにはおのずからにして第三の類型への方向づけがなされている、と考えるべきであろう。つまり『世界観の心理学』は、すでに一種の「告知する哲学」であり、自由な精神にそうした方向を「訴えかける」哲学であった。

リッケルトとの対立とマックス=ウェーバーの死

『世界観の心理学』は、マックス=ウェーバーや、そのほかヤスパースの講義を聴講していた多くのひとびとによって認められ、賞賛された。だが従来の講壇哲学をなかば公然と批判し、哲学体系といえども一つの外被にすぎないとしたヤスパースに対して、体系を重視する講壇哲学者たちは当然ながら反発した。その最先鋒が、一九一六年にハイデルベルク大学の哲学科主任教授となったリッケルトであった。リッケルトはまず、『ロゴス』という哲学雑誌に『世界観の心理学と価値の哲学』を書いてヤスパースの著書を逐一批判し、さらに一九二一年に出版した『生の哲学』という書物のなかでは、ヤスパースを「たんなる生の哲学者」のひとりとして攻撃した。念のためにいうと、リッケルトはこの書で生の哲学の意義を全面的に否認しているわけではない。生が哲学の重要な問題であり、それがまた時代の趨勢《すうせい》であることを、リッケルトもまた認めている。だが生をそれだけとしてとらえ、生の彼《ひ》岸《がん》を認めず、生に内在的な生物主義や生命主義の立場から一つの世界観を樹立しようとする哲学、それをリッケルトは「たんなる生の哲学」とよんで批判するのである。ヤスパースもまた、そうした生物主義・生命主義の立場にたつ哲学者として批判されているのであるが、この評価が一面的なものであることはいうまでもないであろう。ヤスパースの後期の思想はもちろんのこと、『世界観の心理学』すらもそうした生物主義・生命主義とは本来全く無縁なものなのである。

リッケルト

すでに触れたように、リッケルトはもともとヤスパースを哲学の門外漢として扱っていた。事実ヤスパースは、哲学の正規の課程を経てきていない、医学出身の「心理学者」であった。しかし、ヤスパースもまた、リッケルトを真の意味での「哲学者」とは認めていなかった。ヤスパースにとっては、むしろリッケルトの親友であった社会学者マックス＝ウェーバーこそが哲学者の名に値する人物であった。リッケルトとヤスパースの仲がうまくいかなかったのも当然であった。

マックス＝ウェーバーの死は、二人の仲を決定的にした。一九二〇年、マックス＝ウェーバーの訃報《ふほう》に接したとき、ヤスパースは「世界が一変したような気持ち」に襲われ、「さながら真空のなかへ投げ込まれたかのように感じた」。

五日後に傷心のヤスパースはリッケルトを訪問した。リッケルトもウェーバーの死をいたみ、そのすぐれた人柄をたたえたが、話がウェーバーの著作に及ぶと、語気を強めてその意義と将来の有効性とを否定した。ヤスパースは、一瞬われを忘れ、リッケルトこそウェーバーの著作の注にでてくる人物として名を残すだけだ、と応酬した。数週間たって、ヤスパースは、ハイデルベルク学生組合でウェーバーの追悼《ついとう》演説をし、ウェーバーが「現代における唯一《ゆいいつ》の哲学者」であり、「今日他の誰《だれ》かが哲学者であるのとは違った意味」でそうである、と断定した。リッケルトは激怒して、ヤスパースにいった。「君がウェーバーから一つの哲学を編み出そうと、それは君のかってだ。しかしかれを哲学者と呼ぶなどとは、途方もない。」それ以来、リッケルトはヤスパースの公然の敵となった。

哲学的思索の開始

ハイデルベルク大学の哲学教授になる

『世界観の心理学』を公刊した後のヤスパースは、自己の思想をもはや心理学としてではなく、はっきり哲学として展開しなければならないと感じていた。こうした気持ちは、マックス＝ウェーバーの死とリッケルトとの対立をきっかけとして、自分が哲学の教授として哲学を講じなければならないという一種の使命感にまで発展した。ヤスパースはまず一九二一年、ケルン大学に移った自然哲学者ハンス＝ドゥリーシュの後任として、哲学の員外教授となった。リッケルトはこの人事にも反対したが、しかし、それに続いて、ヤスパースがベルリン大学に移るハインリッヒ＝マイヤーの後を継いで哲学第二講座の正教授になることを希望したとき、リッケルトは正面きって反対した。どこにでもある大学人事の争いといえばそれまでだが、リッケルトはヤスパースが経歴からいっても、その思想内容からいっても、この人事には無資格であると主張した。しかし、人事委員会と学部はヤスパースを有資格者として強力に推薦し、翌一九二二年四月一日からヤスパースは正式に哲学の正教授としての道を歩むことになった。歴史は決してとどまらない。新カント学派全盛の時代は去ったのである。ひとびとはそれに代わる新しい哲学を求めていたのであった。

沈黙して本格的に哲学と取り組む

ヤスパースは、「いまや新たな、いっそう徹底したしかたで、哲学の研究に取り組みはじめた。」リッケルトを初めとする自称正統派の哲学者たちに批判されるまでもなく、ヤスパースは自分が哲学者としては「自分自身の尺度ではかっても未熟である」ことを知っていた。七年間講義をした心理学の講義ノート類はまだ三冊の書物になるくらいあったが、しかしヤスパースは、それらを書物にまとめあげることに抵抗を感じた。どれほど多くの材料を駆使《くし》し、どれほど広い心理学的考察を行なっていても、それらはしょせん「哲学の代用品」であって、自己自身を理解すべきであるという哲学の厳粛《げんしゅく》な要請から逃避したひまつぶしにすぎない。もし哲学のこの要請を満たそうとするなら、漠然とした考察ではなくて「独自の方法的自覚」が、また多くの材料を集めるかわりに「少数の独創的な偉大な哲学的作品への透徹した理解」が、必要なのである。ヤスパースはこの方針にしたがって真に哲学することを開始した。

哲学の絶頂を目ざしたヤスパースの歩みは遅々としたものではあったが、しかしそれは確実な歩みであった。ヤスパースは、もはや教職につくために書物を書く必要はなかったし、また未完成な思想をそのつど手ぎわよくまとめて世に問おうとも思わなかった。一九二二年と二三年とに、ヤスパースは『ストリンドベルクとファン＝ゴッホ』と『大学の理念』という二つの小冊子を著わしたが、しかしこれらの原稿はいずれも哲学の教授になる以前にできあがっていたものであった。それ以後ヤスパースは世間に対して全くの沈黙状態にはいった。事情を知らないひとびとは、ヤスパースはだめになった、『世界観の心理学』は「線香花火」にすぎなかった、とうわさしたし、事実ハイデルベルク大学でのヤスパースの声価も、「地位が空席とみなされるほど下落」した。だが一九二四年以来、ヤスパースは、自分の全哲学的思索を盛り込んだ書物をいずれは世に問うべく、着々とその準備をすすめていたのである。その原稿が完成したのは、実に『世界観の心理学』から十二年を経た一九三二年であった。三巻からなる大部の書物は、その年もおしつまった十二月、『哲学』と題して出版された。古くはカントの『純粋理性批判』が、新しくはハイデッガーの『存在と時間』が、それぞれ十年以上の沈黙の後に公にされたものであることを考えると、十二年という歳月は必ずしも長すぎはしない。だがそれだけの期間を絶えず一事に集中して過ごすには、なみなみならぬ精神力と忍耐力が必要であろう。ヤスパースはあらぬうわさに耐えながら、この年月をのりきったのである。

ヤスパース（1932年）

ワイマル共和国

ヤスパースが沈黙をまもっていた期間は、ドイツの歴史でいえば、いわゆるワイマル共和国の時期に当たる。第一次世界大戦に敗れたドイツはしばらく混迷した状態にあったが、一九一九年一月、プロレタリア独裁を目ざして武装蜂起した共産党系のスパルタクス団が政府の軍隊に鎮圧され、指導者のローザ＝ルクセンブルクとカール＝リープクネヒトが惨殺《ざんさつ》されるといった事件が起こり、その直後に行なわれた総選挙では旧議会多数派が大勝して、ワイマルで開かれた憲法制定国民議会では第一党の社会民主党のエーベルトが臨時大統領に、シャイデマンが初代の首相に選ばれた。同年六月にはベルサイユ講和条約が結ばれ、八月にはワイマル憲法が公布されて、ドイツは民主共和制国家として再出発することになった。だが国内には、第一次世界大戦でのドイツの敗北は国内左翼の反乱によるのだと考える保守や右翼の傾向が依然として強く、はやくも一九二四年には社会民主党が支配政党の地位から追われ、翌一九二五年には大戦の英雄ヒンデンブルク元帥が大統領に選ばれた。ドイツ国内の右翼化はその後も急速にすすみ、一九三三年に極右政党ナチスを率いるヒトラーが幾多の曲折を経た後に政権をにぎることによって、ワイマル共和国は事実上崩壊《ほうかい》した。

この間、一九二三年にはドイツの賠償不払いに対するフランス軍のルール地方占領とか、マルク貨幣が暴落して暴動が各地にあいつぐといった危機もあったが、一九二四年に賠償支払いについてのドーズ案が実施され、ドイツの経済保障がなされると、今度はアメリカを中心とする外国資本がいっせいに流れ込み、ドイツの国力は急速に回復した。すでに一九二七年には生産は戦前の水準にもどり、二年後の一九二九年にはそれをさらに一〇パーセント以上も上回るありさまで、ドイツはふたたびフランスをしのぐ強国になった。国民生活は向上し、それに伴って学術や文化もあらゆる分野にわたって伸展した。明治生まれの日本の学者で、当時留学生として世界の最先端をいくドイツの自然科学や社会科学を学んだひとびとは、かなりの数に達するであろう。また新聞やラジオや映画といったマスーコミュニケーションの媒体が発達したことも、この時代を特徴づけるできごとである。

時代に対するヤスパースの態度　この時代にヤスパースは『哲学』の完成を目ざして思索に没頭していたが、しかし時代のさまざまなできごとに全く無関心であったわけではない。否、むしろ逆で、哲学が現実に生きる自己の問題であると考えるヤスパースにとって、自分が生きている時代のできごとで関心をひかないできごとなどはおよそありえなかったのである。とはいっても、それは自分の哲学する姿勢を時代の傾向にあわせて決めるということではない。ヤスパースが今日「実存主義」の哲学者と呼ばれながら、自分では「実存主義」を退け、実存主義者とみなされることに反発してきたのは、一つには哲学はいかなる「主義」からも自由な公正な思索でなければならないという信念によるが、いま一つの理由は、現に「実存主義」を提唱するサルトルなどのフランス実存主義がツァイトゲメェスな――つまり「時代にあった」「流行の」――哲学であるのに対して、自分の哲学は「時代にあわない」ウンツァイトゲメェスな哲学であるとして、この両者を区別するためだったのである。

ヤスパースのいう「時代にあわない」哲学とは、「時代の意識を哲学的思索そのものの出発点とはしない」哲学のことであり、ましてや時代の流行にあわせた哲学の建設などを目標としない哲学のことである。こうした意味で、ヤスパースは常に「時代の哲学」なるものを退け、「永遠の哲学」を追求した。「哲学はいかなる時代にもただ最古にして永遠の哲学そのものであることを欲しうるのみである」というのが、哲学に対するヤスパースの一貫した信念であった。だがしかし、われわれはここでヤスパースのこのような信念について、つまり永遠の哲学を希求した態度について、ふたたびその時代的意義を問うことができよう。ヤスパースが時代の哲学を欲しないといっても、それが時代の意識に全く無関係な発言とみるわけにはいかない。ヤスパース自身も、哲学する自己が時代を離れてはありえないことを認めていたのである。では時代と哲学とはヤスパースにおいてどのように結びついていたのであろうか。

『現代の精神的状況』

一九二九年、ヤスパースは、日本でいえば各種の新書にでも当たるゲッシェン叢書《そうしょ》の第一〇〇〇巻目に、『現代の精神的諸動向』というテーマで書いてほしいという依頼をうけた。ヤスパースはただ哲学の諸動向を羅列《られつ》しても意味はないと考え、「読者を動かし、注意を促す」ために当時の『精神的状況』を描きだそうと決心した。『哲学』のために用意した膨大なノートのなかから課題にあったものを選びだすのは、比較的容易な仕事であった。原稿は一九三〇年九月にできあがったが、主著の『哲学』にあわせるために、出版は一九三一年一〇月まで延ばされた。この書物が、ヤスパースの時代批判として有名な『現代の精神的状況』であって、「実存哲学」という考えもここに初めて登場するのである。

この書物は文庫版で二〇〇ページに満たない小冊子であるが、その内容は国家から家庭生活にまで及び、そこでは集団、技術、政治、教育、新聞、スポーツといったあらゆる問題が「精神的状況」との関連において語られている。だがここでは、ヤスパースが当時の支配的な時代意識をどのようにとらえているかを示す二、三の箇所を引用するにとどめよう。

「たしかにある一つの意識が拡がっている。すなわちすべては無用である、疑わしくないものは一つもない、本来的なものは何一つ確証されない。際限のない渦巻《うずまき》があり、それはもろもろのイデオロギーの相互欺《ぎ》瞞《まん》と自己欺瞞のうちに存続する。時代の意識はあらゆる存在から自らを解き放ち、自己自身に没頭している。」

「不安な人間は、傲慢《ごうまん》な反抗においてであれ、ニヒリズムの絶望においてであれ、多くの満たされないものの困窮においてであれ、誤った探究においてであれ、一時のささえを蔑視《べっし》し、調和化の誘惑に屈しないという相貌《そうぼう》を時代に与えている。神は存在しない、とは、高まりつつある大衆の叫びである。」

「それでは今日なお何が存在するかという問いに対しては、徹底した危機の意識としての危険と喪失の意識がある、と答えるべきであろう。今日ではただ可能性のみが存し、所有も保証もない。あらゆる客観性は曖昧《あいまい》になっている。真なるものは取り返すことのできない喪失のうちに、実体は混迷のうちに、現実は仮装のうちに、あるように思われる。」

以上の引用だけからも明らかなように、ヤスパースが時代の意識とみるのは、不安・喪失・虚無・絶望・危機・混迷といった意識であって、それはひと言にしていえばニヒリズムの意識である。だがこのニヒリズムの意識は、単に一九二〇年代にのみ特徴的な意識ではなく、すでに一九世紀末以来徐々にヨーロッパに浸透し、二つの大戦を経た今日では世界的規模にまで成長した時代意識である、とみてよいであろう。事実ヤスパースも、『現代の精神的状況』でえがいた時代の状況をそのまま第二次世界大戦後の現代の状況ともみていたのであって、このことは、たとえばかれの『新しいヒューマニズムの条件と可能性について』(一九四九年、論文集『弁明と展望』所収）などを一読すれば、明らかなのである。

時代の意識と哲学の志向

ニヒリズムの意識とは、簡単にいって、いっさいの絶対的価値の否定を基底とする意識である。したがって、それは当然、時代をこえた永遠なるものの存在とか、それへの人間の結びつきとかを認めようとしない。その点でニヒリズムの意識は、時代性とその相対性の意識に密接に結びついている。いな、むしろ逆に、ニヒリズムはそうした時代意識の過剰に、つまり「時代意識が自己自身に没頭する」ことに由来《ゆらい》するともいえるのであって、その意味で現代はまさに「時代」的な時代、「時代にあう」ことが唯一の尺度とされる時代なのである。ところでヤスパースの哲学の志向は、このようにツァイトゲメェスな時代の意識に反して、「あらゆる時代のうちで時代を超えているもの」にむけられる。ヤスパースは一《いっ》なる超越者と永遠の真理にむかって、「時代的」な時代をこえて進もうとする。つまりヤスパースのウンツァイトゲメェスな哲学は、「時代的」な現代にあって、見失われている「超時代的」なものを求めつつ、「反時代的」に思索する、という態度によって貫かれているのである。ウンツァイトゲメェスといえば、ニーチェの『ウンツァイトゲメェセーベトラハトゥンゲン』が思いだされるが、これも時代にあわず、時代に抗しながら、時代を考察する——つまり『反時代的考察』である。だがニーチェが徹底したニヒリズムの道を歩み、最後まで超越者の存在を否認したのに対し、ヤスパースはニヒリズムの基盤である限界状況から出発しながらも、超越者を求め、その超越者に自己の実存のささえを求めようとする。そしてヤスパースのこの根本志向は、前に述べたように、すでにその『世界観の心理学』において予示されていたのである。

精神病理学的哲学者ヤスパース

なおここで、フリッツ＝ハイネマンの次のようなみかたを紹介しておきたい。ハイネマンは、精神病理学者から哲学者へというヤスパースの経歴に意味をもたせ、ヤスパースを「時代病の診断と治療に努力する現代の偉大な精神病理学的哲学者」とよび、「かれの実存哲学は本質的に治療法的である」という。つまりハイネマンは、現代の技術的機械的な世界機構のもとで大衆のうちに没入している各個人をして、かれ自身の実存に目ざめさせるようにする「治療法」が、ヤスパースの哲学であるとみるのである。この場合、ハイネマンは、精神病理学的とか治療法的といった表現を一種の比喩として用いているのであるが、しかしいま端的にいって、現代人の生活態度はむしろそのまま精神病理学の対象になるとさえ考えられる。つまり現代人の生活は、技術機構の膨張と複雑化に伴い、およそ相互に関連性のないさまざまな行動の連鎖から成りたつようになってきている。それは連続性を欠き、支離滅裂であるが、にもかかわらずいわゆる「健全な」ひとびとは、その間の不連続性を怪《あや》しもうとはしない。現代において健全に生きるひとびとは、かえって分裂的気質の持ち主でなければならないであろう。むしろ分裂に適応できない人間が医学上の「精神病者」になるのである。

この点で、たとえば、ハインツ＝ホルスト＝シュライというひとが、『二〇世紀における世界像と信仰』という小著の中で、「時代精神の病理学」を展開し、「精神分裂症は時代病そのものである」という観点から時代精神の分析を試みているのも、最もなことであろう。そしてこのような現代人の行動の分裂性が、自己存在の喪失という事態と一つであることは、改めて断わるまでもないと思われる。それは結局ニヒリズムの反映であり、ただひとびとがそれをそれとして意識していないだけのことである。現代はニヒリズムの時代であると同時に精神分裂的時代なのであって、このように考えてくると、ニヒリズムからの回生を求めるヤスパースの哲学が精神病理学的であり治療法的であるということは、実は単なる比喩に尽きないともいえるのである。

実存哲学のあり方と『哲学』

『現代の精神的状況』に続いて、主著『哲学』が出版された。全三巻、第一巻は『哲学的世界定位』、第二巻は『実存照明』、第三巻は『形而上学』という表題をもち、序文をいれて一〇三四ページの文字通りの大作である。ヤスパースはここに十年間の全思索を投入した。講義で行なった枝葉にわたる論議や過去の偉大な哲学者についての解釈はすべて切り捨て、エッセンスだけを残したのだが、それでもそれは千ページをこえる書物になったのである。この書物のそのまたエッセンスについては、哲学思想を扱う後の章で触れるとして、ここでは『現代の精神的状況』から次の一節を引用することにしよう。

「実存哲学は、あらゆる事実認識を利用するが、しかしそれを超《こ》え出てゆく思考であって、人間はこの思考によって自己自身になることができるであろう。この思考は対象を認識するのではなく、そのように思考する者の存在を思考のうちで照明し、活動させる。この思考は、存在を固定化する一切《いっさい》の世界認識を超え出ることによって浮動状態になり（哲学的世界定位として）、自己の自由に訴え（実存照明として）、そして超越者を呼びよせることにおいて自己の無条件的な行為の空間を創造する（形而上学として）。」

ヤスパースはここで初めて「実存哲学」ということばを用いたが、右に示された実存哲学のプログラムが詳細に展開されたのが『哲学』なのである。もっともヤスパースは、以上に続けて、「この実存哲学は一つの著作において完結した形をとることもできないし、ひとりの思索家の現存在として究極的完成をうることもできない」と語っているが、これはしかし、前言と決して矛盾するものではない。人間を客体としてではなく、主体そのものにおいて問う実存哲学は、ただ「その都度の根源から生じた思考の多様性において、ひとりの人間から他の人間への伝達において、現実になる」のであり、したがって、それはまた、「人間が何であるかを知ったと信ずるやいなやただちに失われてしまう」のである。『哲学』は一見完結した体系のようにみえるが、実はそうではなく、「一つの〈超越すること〉を組織的に遂行」してみせるだけで、それによって読者の実存に訴え、読者をして改めて読者の側で超越者への道を見いだすようにしむけるのである。これはまた、古来からの哲学の伝達方法であって、すでにプラトンの昔から語られていることでもあるといってよいであろう。

協力者エルンスト＝マイヤー　『哲学』は夫人のゲルトルート＝ヤスパースにささげられているが、しかし夫人の弟のエルンスト＝マイヤーの助力も絶大で、それはヤスパースが『哲学』の「まえがき」でマイヤーに深甚な感謝をささげていることからも知られよう。医学生時代の友人であったマイヤーは、一九三八年ナチスに追われたユダヤ人としてオランダに亡命するまで、ベルリンで医師の職業についていた。マイヤーは医師であると同時に哲学に親しみ、ヤスパースから送られてきた『哲学』の草稿に取り組んで、それを徹底的に批判検討した。二人の間には絶えず手紙の往復があり、マイヤーの影響は「章節の編成から、事実的な事柄、文体にいたるまで及んだ」のである。ヤスパースは、この共同作業によって、真理は「実存の交わり」からくることを身をもって体得した。『哲学』以後の著作でヤスパースが「交わり」の意義をますます強調するようになったのは、こうしたできごとを一つの機縁としているとみてよいであろう。

ナチスの台頭とヒトラーの独裁　『哲学』は哲学者としてのヤスパースの声価を決定的なものにした。いまやヤスパースは、『存在と時間』によって無名の学徒から一躍世に出たハイデッガーと並んで、新しい時代の哲学をになう代表的な哲学者とみなされるようになった。けれども、そうしたヤスパースの前にひらかれた道は、栄光への道ではなくて、苦難に満ちた茨《いばら》の道であった。すなわち、ナチスの台頭と、ユダヤ人を夫人にもつヤスパースに対して加えられたナチスの圧迫である。

一三歳で父を失い、一七歳で母を失ったアドルフ＝ヒトラーは、ウィーンの下町で画工として貧しい生活を

ヒトラー

送っていたが、一九一三年にはミュンヘンに移住し、第一次世界大戦には一兵士として参加、敗戦後はふたたびミュンヘンにもどって、しだいに政治活動にはいっていった。ヒトラーが加入したドイツ労働者党は、一九二〇年、ユダヤ人迫害や再軍備の主張を含む国粋主義的綱領をもった国民社会主義的ドイツ労働者党、つまりナチスに発展し、党員は三千人になり、一九二二年には党員は六千人に、翌一九二三年一月には一万五千人に、同年秋には実に五万五千人に達し、他党派を打倒するための組織は、バイエルン国防軍の保護によって、軍事組織をもつ突撃隊にまで成長した。だが極右政権を目ざした一一月のミュンヘン一揆《き》に失敗し、ヒトラーは投獄され（この獄中でヒトラーが書きはじめたのが有名な『わが闘争』である）、右翼革命は一頓挫《とんざ》をきたしたが、しかしその翌年に釈放されると、ヒトラーは精力的に党組織を再建し、突撃隊は軍部との対決を避けて大衆団体に改組したが、それとは別に秘密警察として恐れられた少数精鋭の親衛隊を組織して、以前にもまして積極的な政治運動を再開した。

ヒトラーが意図したのは、すくなくとも外面上は合法的な政権獲得であって、一九二四年にはナチスは国会に三二の議席を得たが、続く二回の選挙で激減し、一九二八年にはわずか一二の議席をもつだけになった。だが一九二九年十月にニューヨークのウォール街に起こった株式の大暴落は世界恐慌の導火線となり、すでに前年から不況にはいっていたドイツの失業者は二〇〇万をこえ、政情はふたたび不安定になった。ヒトラーはこの機会をとらえて人心を巧みにあやつり、一九三〇年の選挙ではナチスの議席を一挙に一〇七にまで引き上げることに成功し、さらに一九三二年七月の選挙では二三〇の議席を獲得して第一党の党首となった。なお二、三の曲折はあったが、一九三三年一月、ヒンデンブルク大統領がヒトラーを首相に任命したのが、事実上ワイマル共和国の終焉《しゅうえん》となった。合法的に政権を獲得したヒトラーは、口実を設けて共産党を弾圧した後、議会にヒトラーへの全権委任を認めさせる授権法を提出し、三分の二以上の票を得てナチスの一党独裁制を確立したのである。

ナチスの画一化政策

一九三四年六月、突撃隊長レームを含む多くの異分子を粛清したヒトラーは、八月にはヒンデンブルクの死によって名実ともにドイツの総統となり、全体主義的な、いわゆる「画一化」の政策をあらゆる分野にわたってますます強力におしすすめていった。青少年は「ヒトラー－ユーゲント」に、女子は「ナチス婦人団」に、労働者は「ドイツ労働戦線」に組織され、大学の教官や学生もそれぞれナチス－ドイツ教官同盟や学生同盟に組織されて、大学はその自治能力を全く喪失した。学長は国家が任命し、その学長が学部長を任命するのである。反ナチスやユダヤ系の学者は追放され、あるいはアメリカなどに亡命した。もちろん出版物は検閲され、またナチスの思想にあわない書物は突撃隊によって焚書《ふんしょ》された。国民の精神生活や文化生活はそのすみずみに至るまで国家文化局によって統制されたのである。

こうしてもはや個人の自由はどこにもなくなったが、しかし大多数のドイツ国民は、ナチスの画一化政策にすすんで協力し、「国民共同体」という全体に自己を投入した。だがそれにしても、ひとびとはなぜ自らすすんで自由を放棄したのであろうか。ドイツの歴史学者は、過去を想起して、次のように述べている。「……ナチスの〈国民共同体〉へのよびかけは、とくに感じやすいところ——階級対立によって引き裂かれ、物質的関係で固定化した社会における人間の不幸な孤独感——にふれるものであった。この不幸を克服したいという嘘《うそ》いつわりないあこがれが、〈国民共同体〉の観念にすがりついたのである。そして、この観念の背後に、自分の意志のない無定形な大衆という陰惨な全体主義思想がひそんでいようとは、だれも夢にも思わなかった。」「ナチスは指導者原理を唱えたが、これは共同の福祉に対する個人の共同責任という民主主義の根本原理と対立するものであった。……（第一次世界大戦終結時の）革命は伝統的な権威を倒したが、それに代わるべきもの、思考や生活上の慣習にしばられている人間が信頼をよせたいと思うもの（そのうえに権威がきずかれる）を、何一つつくりあげなかった。ヒトラーが独裁者にのしあがった秘密は、かれがこれをすばやく感じとり、すでに存在していた〈指導者〉を求める声を、自分にひきつけた点にある。かれは権威を求めるひとびとの要求に、すばらしい成功をもってこたえ、自分の人格に絶対の信頼を結びつけた。ひとびとは自分たちから不愉快な共同責任をとり除くと約束してくれるものなら、だれにでもこの絶対の信頼を与える用意があった。」（岩波新書『ナチスの時代』から）ヤスパースが『現代の精神的状況』でえがいてみせた大衆の姿は、決して虚像ではなかった。

戦中から戦後にかけて

第二次世界大戦　画一化によって国内に全体主義体制を確立したヒトラーは、同じ国家体制をもつイタリアや日本と枢軸連合をつくり、一九三九年には突如ポーランド攻撃を開始して、第二次世界大戦の口火をきった。やがてイタリアや日本も参戦し、英・米・仏・ソの連合軍を相手とする戦争はアジアを含む世界各域に及んで、その規模はあらゆる点で前大戦をはるかにしのぐ巨大なものとなった。ドイツは緒戦において破竹の進撃をみせ、ポーランドやノルウェーに続いてフランスを電撃作戦でくだしたものの、イギリス本土への進攻が不可能なことを知り、一転してソ連領内に踏み込んだが、持久戦の後、スターリングラード(現在のボルゴグラード)で包囲された九万のドイツ軍が降伏するはめに陥って、ドイツの敗勢はもはや決定的になった。一九四四年六月六日、大艦隊の巨砲の援護射撃のもとにノルマンジーに上陸した連合軍は、フランス国内のドイツ軍を制圧してパリを解放し、ソ連軍と呼応して東西からドイツ国内に突入した。翌一九四五年春、ヒトラーはベルリン市街戦のうちに自殺し、ドイツ軍の無条件降伏となり、八月には日本も

第二次世界大戦

連合国に降伏して、第二次世界大戦は終結した。

第二次世界大戦は前大戦に倍した戦闘員の死者を出したが、戦闘員以外の一般市民にも膨大な被害を与えた。前大戦では一般市民の死者は五〇万であったが、第二次世界大戦では空襲や集団虐殺《ぎゃくさつ》や流浪による死者が二千万から三千万と推定されている。市民の中で一番の犠牲者はユダヤ人で、アウシュヴィッツの強制収容所などでナチスの手により虐殺されたユダヤ人は総計五七〇万ともいわれ、実に一般市民の死者のうち五人に一人の割合を占めているのである。

大戦下のヤスパース

ナチス下のドイツにあって、ヤスパースは、ユダヤ人を妻にもつというそれだけの理由で公の活動の自由を奪われた。国家権力が大学自治に介入した一九三三年以降、ヤスパースは大学運営への参加から閉め出され、一九三七年には教授の職からも追放されたが、しかしその間、著書を世に問う自由だけは残されていた。一九三五年には前述の『理性と実存』が公刊され、翌三六年には『ニーチェ』が、三七年には『デカルトとその哲学』が、三八年には前年末にフランクフルトで行なわれた講演が『実存哲学』として、それぞれ出版された。だがそれを境に、著書の出版も禁止されることになり、学者としての公的活動は全く封じられてしまったのである。

ヤスパースはこのナチス圧政の時代をだまって耐えた。自伝によると、「強まる危険のなかで無力の状態のままでの傍観が十二年の長きにわたって行なわれた」のである。その間ヤスパースはナチスに対して徹底した慎重さをまもり、あえてそれに抵抗を試みようとはしなかった。ドイツ占領下のフランスとはちがって、ドイツ国内で抵抗することは、秘密警察がすみずみまで目を光らせていた当時の状勢からほとんど不可能であったし、事実、あえて抵抗したひとびとは例外なく逮捕され、処刑された。ユダヤ人が引き立てられていくのをまのあたりにしても、ひとびとは阻止することはおろか、ことばを発することもできなかった。だが後に触れるように、どうすることもできなかったにもかかわらず、ヤスパースは自分がこうしたひとびとのひとりであることに罪の深さを感じながら生きていたのである。

『哲学的論理学』と『哲学の世界史』の構想

暗い日々のなかにあって、ヤスパースは以前にもまして思索と読書に心を傾注した。ヤスパースの願いは、『哲学』執筆の後にしだいに明確に意識されてきた「包括者」という考えを中心にして、第二の哲学的主著を完成することにあった。『理性と実存』や『実存哲学』で語られたことはいわばその先駆であり、大要であって、ヤスパースはその内容をさらに組織的・全体的に集大成するために、四巻からなる『哲学的論理学』を書こうと決心し、一九三七年からその計画に着手した。それはまた、沈黙を強いられたヤスパースにとっては、「一種の内面的自己主張」を意味していたのである。いつの日かこの書物は出版されてひとびとの目に触れるであろう。こうしてこの仕事は、「〈世界観の心理学〉の時代のように若々しい昂揚《こうよう》のうちで行なわれたのでもなく、〈哲学〉の時代のように自信にみちた人生の高みにあって行なわれたのでもなく、くる日もくる日も暗い陰のなかで行なわれた」のである。

ところでこれだけでもたいへんな仕事であるが、ヤスパースはそのほかにいま一つの遠大な計画を立案した。それは他人の力をかりずに自分ひとりの手で哲学の世界史を書きあげようという計画である。ヤスパースがこうした計画を思いたった動機としては、次の諸点が考えられよう。第一に、組織だった自己の哲学を展開する際にも、常に哲学史全体の把握が必要である。すでにヤスパースはヨーロッパの過去の哲学に通じ、講義や著書においてその代表的人物の思想に触れていたが、さらに、それをいっそう計画的に系統づけようとした。第二に、ヤスパースはハイデルベルク大学の東洋学者ハインリッヒ＝ツィンマーと親しくなり――この学者は一九三九年春には国外に亡命したが――、中国やインドの古典に触れ、ヨーロッパの哲学者だけではなく、孔子やブッダといった東洋の偉大な思想家も世界哲学史のうちに位置づけなければならない、と考えたのである。だが第三に、ヤスパースは当時の世界状況下にあって、過去の思想家をひとりひとり吟味し、だれが真に恐るべきものに抵抗した精神の創造者であり、自由の精神の番人であったかを確かめようとした。「真に偉大な人物、避けて通ることのできない人物、重要な人物、これらの区別が私の生涯にわたっての関心事となった」のである。

大戦が終わって二年たった一九四七年、『哲学的論理学』の第一巻が『真理について』という表題で出版された。本文だけで千ページをこえるこの大冊は、虚脱状態にあった戦後のドイツ思想界に大きな反響をよび、ひとびとはヤスパースの卓抜した精神性に改めて敬意を表したのである。世界哲学史のほうは、ややおくれて一九五七年、『偉大な哲学者たち』第一巻となって現われた。これまた千ページ近い大冊である。この書物は、時代を追って哲学者の思想を述べる一般の哲学史とはちがって、古今東西のすぐれた思想家を『規準を与える人物』『哲学することを再生し基礎づける者』『根源から思考する形而上学者』の三群にわけ、第一群でソクラテス・ブッダ・孔子・イエス＝キリストの四人を、第二群でプラトン・アウグスティヌス・カントの三人を、第三群でアナクシマンドロス・ヘラクレイトス・パルメニデス・プロチノス・アンセルムス・スピノザ・老子・龍樹の八人をそれぞれ扱っている。そしてこの型破りの体裁は、ヤスパースがだれを「真に偉大な人物」とみなしているかをおのずからにして告げているのである。『偉大な哲学者たち』は第一巻に続いて第二、第三巻が予定され、そこで取り扱われる哲学者たちの名もすでに予示されていたが、しかしこれらの巻は『哲学的論理学』の第二巻以降とともに、生前世に現われるには至らなかった。

戦後の大学再建に努力する

一九四五年四月一日、ハイデルベルクはアメリカ軍によって占領された。ヤスパースはナチスが同月一四日に予定していた強制移送を受ける寸前に救われたのである。「そのとき私はひと晩で世界を一変させる童話の世界にいるような気がした」とヤスパースは語っているが、まことに感慨無量だったにちがいない。自由となったヤスパースは、休む間もなく、占領軍によって委嘱された大学再建の仕事にとりかかった。非ナチス党員からなる再建委員会は大学の新綱領を作成し、はやくも八月には医学部の再開となり、学長事務を代行していたヤスパースに代わって公選学長が就任した。「一二年たってようやくにしてわれわれはふたたび自由に学長を選んだ。われわれはわれわれの学長をもった。本日、医学部の授業がはじまる。今日はわれわれの大学にとって偉大な日である。……これは崩壊による休止の後の、また大学が一二年の間強いられてきた荒廃の後の、新しい出発である。」ヤスパースは医学部の再開に際し、『大学の再興』について講演した。医学をささえる二つの柱は、科学性と人間性である。この二つの柱がしっかりしていさえしたら、ナチズムの医学への介入は生じなかったであろう。ナチズムは非科学的な人種理論によって人間性を踏みにじった。「科学性と人間性とは互いに相手を求める。……科学性と人間性とはわかちがたく結びついている。科学がなおざりにされると、幻想と迷妄《めいもう》が信条となり、それによって迷える者は神のかわりにむしろ狂熱に結びつけられる。非科学性は非人間性の地盤である。」

ドイツ人の戦争の罪についての反省

続いて秋には哲学部が再開し、ヤスパースは大戦中のドイツ人の罪を主題とする講義を行なった。実際、当時は全世界がナチズムの戦争中の罪過を責め、そうしたナチズムをうんだドイツ国民をも弾劾《だんがい》していたのである。戦

ハイデルベルク

勝国の国民はもちろん、中立国の国民も、さらには亡命ドイツ人たちも、ドイツとドイツ人を憎悪し、軽蔑し、処罰と報復を望んだ。ドイツ人自身も自信を失い、罪の意識にさいなまれるものもいた。こうした状況のもとにあって、ヤスパースが講義の主題にまずドイツ人の罪の問題を選んだことは、かれの思索が依然として現実に密着した思索であることを物語るものであろう。

この講義でヤスパースは四つの罪を区別した。すなわち、刑事上の罪・政治上の罪・道徳上の罪・形而上学的な罪の四つである。ヤスパースはまず、ナチス政権の指導者たちが明らかに刑事上の罪を犯したことを認めた。それは国際軍事裁判所が規定した犯罪、つまり侵略戦争の計画や遂行といった「平和に対する犯罪」、捕虜虐待や財産略奪など戦争法規の侵害による「戦争犯罪」、非戦闘員である一般市民に加えられた殺害や移送などの「人間性に対する犯罪」などで、これらの犯罪を犯した指導者たちは公正な裁判官によって裁かれるべきであり、その場合、一般のドイツ人はかれらの被害者として、たとえ国際裁判がドイツ民族自身の屈辱と恥辱のように感じられるにしても、裁判そのものの正当性は認めなければならない。もっともヤスパースは、後にニュルンベルク裁判が結果として「見せかけの裁判」に終わり、勝者が敗者を敗者のゆえに裁いただけにすぎなかったことに失望した。裁判はヤスパースが期待したような、世界法をもつ公正な世界状態を樹立しはしなかったのである。

ところで一般のドイツ人は、刑事上の罪を犯していないからといって、政治上の罪をも犯していないとはいえない。ナチスによって犯罪が行なわれていたとき、ドイツ人はすべてその国家の国民であった。ドイツ国の名において行なわれた犯罪に対しては、すべての国民が政治的な責任を負わなければならない。だがそれにもまして問題なのは、道徳上の罪である。道徳的良心をもち、罪滅ぼしを知るひとびとは、多かれ少なかれ戦争中の自己欺瞞《ぎまん》的な態度について自分の罪を告白せざるをえないだろう。ナチズムを部分的に肯定し、中途半端な態度で時にはそれに順応する生き方をした人間は、誤ってナチズムのうちに理想をみ、最善を望んで自己をそれにささげてきた人間よりも、はるかに道徳的に罪深いのである。

だが戦時中の自己の行為について、いくら反省しても道徳上の罪を見いだせないとしたら、どうであろうか。ナチズムに対する抵抗を欲しながら抵抗できなかった人間もいた。しかし、それは道徳上の罪とはいえない。道徳はある目的達成のために生命を危険に曝《さら》す冒険を要求できても、目的達成の不可能な破滅を要求することはなく、無為に生命を犠牲にせよとは命じないからである。だがそれにもかかわらず、そこには別の罪がある。「われわれ生き残った者は死を選ばなかった。われわれの友人であるユダヤ人が拉致《らち》されたとき、われわれは街頭にとびだして、わめきたて、自分もまたかれらとともに粉砕されてしまうというような危険を冒しはしなかった。われわれが死んでみたところでどうにもなりはしなかったろうという正しくはあるが弱々しい理屈をつけて、生きながらえる道を選んだのであった。われわれが今生きているということが、われわれの罪なのである。」（橋本文夫訳『責罪論』）ヤスパースはこれを形而上学的罪とよんだ。道徳的に意味のある要求がすべて尽きてしまったあとにも、形而上学的な罪は依然として残っている。そしてこの罪の源泉は、人間相互の間に人間としてその絶対的な連帯性が確立されていないということのうちに見いだされるのである。

人間は人間であるかぎり罪をのがれることはできない。罪は人間の限界状況の一つである。ヤスパースが以前から人間の不可避的な制約として考えていた罪は、第二次世界大戦の体験を通じて、人間の連帯性の欠如という形で明確にされた。大戦中の罪を意識し、それによって再生した人間は、もはや単に一ドイツ人としてではなく、一世界市民としてふるまわなければならない。偏狭な民族主義ではなくて世界主義が、「地球上のすべての人間を包括する共有のヒューマニズム」が、初めて人間の将来を約束する。戦後のヤスパースの歴史や政治についての思索は、すべてこのヒューマニズムをめぐっての思索であり、それを現実に地上に実現せんがための訴えかけであった。

スイスのバーゼルに移住、当地で死を迎える　一九四七年七月、ヤスパースはスイスのバーゼル大学に招かれて、『哲学的信仰』という題で五回の客員講義を行なった。そしてそれが直接の機縁となって、翌四八年、ヤスパースは長年住みなれたハイデルベルクを去ってバーゼル大学の教授に就任した。それ以降、一九六一年の最終講義にいたるまでバーゼル大学で講壇に立ったヤスパースは、退職後もバーゼルに落着き、一九六九年二月二六日、この静かなスイスの都市で八六歳の生涯《しょうがい》をとじた。第二次世界大戦中もドイツ人であることに誇りをもち、国外亡命の勧めに耳をかさなかったヤスパース、そのかれがなぜドイツを去ってスイスにおもむき、そこで晩年の二〇年を送ったのであろうか。

ヤスパースは『自伝』で、二つのドイツについて語っている。真にドイツ的なものは、ドイツ語と、ドイツ語で示される精神生活と、ドイツ語で伝達される宗教的倫理的現実のうちにのみ保存されている。プロシアやプロシアを中心に建設されたドイツ帝国、この地上の政治的国家は、いわば第二次的な意味でドイツ的なものであるにすぎず、世界史的にみればごく短期間のエピソードにすぎない。しかもそれは、中世に由来《ゆらい》する帝国思想をまとった呪《のろ》わしい不実さの産物であり、野心と放漫さに満ち、それゆえにまた破局から破局へとおもむく悲惨な歴史をたどっているのである。その意味では、真にドイツ的なものは、旧帝国領内のドイツ国家のうちにではなく、むしろドイツ語国であるスイスのうちに残されているであろう。バーゼルで生まれ、バーゼルで死んだ歴史学者ブルクハルトは、スイス人がドイツ人であることを教えるのが自分の使命だと語ったことがある。ヤスパースがハイデルベルクからバーゼルに移った理由はいろいろあるであろうが、その最大の理由は、おそらくこうしたところにあるのではなかろうか。ヤスパースはドイツを見捨てたのでは決してなく、かえって真にドイツ的なものを求めて移住したともいえよう。

そうしてみれば、ヤスパースが戦後の占領政策から分裂を余儀なくされた東西ドイツの再統一論になぜ反対してきたかも納得できよう。一九六〇年八月、ヤスパースは西ドイツのテレビを通じて再統一問題を論じ、西ドイツは東ドイツ国民が自らの力によって自由を獲得しないかぎりは東ドイツとの再統一を求めるべきではないと主張した。これは再統一を求める一般ドイツ人の国民感情を害することになったが、しかしヤスパースの考えでは、東西ドイツはもはや体制を異にした二つの国家であって、現状のままでの無原則な再統一を願うのは旧ビスマルク国家への郷愁でしかなく、かりにドイツが再統一によって旧版図を回復できたとしても、それだからといって真にドイツ的なものが回復されるわけではないのである。

ヤスパースはまた、一九六六年に『連邦共和国（西ドイツ）はどこへ行く?』という一文を草して、西ドイツ政府の権威主義的官僚体制を批判した。政府は東の攻撃にそなえて各種の非常事態法を構想しているが、その内容もさることながら、そうした構想を国民に知らさずに秘密裡《り》にすすめているところに問題がある。現在西ドイツには国家に敵対する極左や極右の勢力はほとんどないが、しかしその寡頭《かとう》政党制は国民に情報を与えない国民蔑視の政治体制であり、それはやがて野党をも含めた全政党制に移り、国民に臣民的服従を要求する権威主義的国家に成長するだろう。たとえ君主や独裁者がいなくても、現在の連邦共和国はドイツ帝国の旧体制に復帰する傾向をそなえているのである。ヤスパースが西ドイツの国家体制をこのようにきびしく批判したとき、そこにはやはり真にドイツ的なものへの愛着と、それを救いたいという意志とが働いていたのを見のがすことはできない。ヤスパースはマックス＝ウェーバーとはまた違った意味での生粋《きっすい》のドイツ人であったし、ドイツ的魂の持ち主であった。

戦後のヤスパースの活動については、一九四六年のマルクス主義者ルカーチとの唯物論と実存主義をめぐる論争とか、一九五四年の神学者ブルトマンとの聖書の非神話化問題をめぐる論争など、書き残したこともあるが、しかしヤスパースの「人」について予定していた紙数もこえたので、次章からは「思想」を問題にすることにし、まず中心的なその哲学思想からながめていくことにしよう。

Ⅱ　ヤスパースの思想

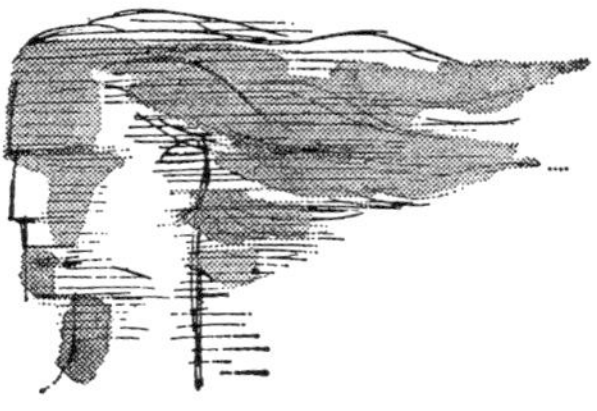

ヤスパースの哲学

実存からの哲学

「実存」という概念とその歴史的背景

ヤスパースの哲学は、ハイデッガーやサルトルやマルセルの哲学などとともに、一般に実存哲学とか実存主義の哲学とかよばれている。すでに触れたように、ヤスパース自身は自分の哲学に実存主義というレッテルがはられることを好まなかったが、しかし『実存哲学』という書物があるように、「実存」という概念がヤスパースの哲学の中心概念であることは疑うことのできない事実なのである。そこでまず、ヤスパースのいう「実存」とは何かということを問題にしよう。

ヤスパースの「実存」は、簡単にいえば、個としての自分に真に目ざめた人間のあり方のことで、つまりは自分が他人と代置不可能な存在であることを真に自覚した人間のみが実存するのである。実存はドイツ語ではエクシステンツであり、これは哲学の従来の用法では本質（エッセンティア＝あるものが何であるかということ「何」）に対する存在（エクシステンティア＝あるものが存在するということそのこと）を意味し、その限りでは人間以外の動物も植物も無機物もすべて実存する（存在する）ことになる。つまり存在するものはすべて「本質」と「実存」（「存在」）とからなるのであって、たとえばサルトルが、人間にあっては実存

サルトル

が本質に先だつという場合、実存という語はこの伝統的用法に基づいて用いられているのである。だがヤスパースは、サルトルとちがって、木の根やペーパーナイフといった事物に関しては、それらが「実存する」とはいわない。ヤスパースの場合、実存はどこまでも個としての人間にのみ固有な存在のしかたなのである。

ところで、ヤスパースが実存をこのように特に人間の場合に限定して用いているのは、キルケゴールの影響によっている。キルケゴールは、絶対精神の立場から個人の実存(存在)を無視して普遍的な本質のみを問題とするヘーゲルの哲学に反抗し、真理はあくまでも実存する個人の主体性にあることを強調した。キルケゴールによると、「真理を問うのは実存する精神」であり、「真理を問う者は自己が実存する単独の人間であることを意識している」のである。今日キルケゴールが実存哲学の祖とみなされているのも、こうした理由からであるが、しかしデンマーク人であったキルケゴールの思想は、その生前ドイツではほとんど知られていなかった。ヤスパースの語るところによれば、ひとびとは一九〇九年以降に刊行されたシュレンプのドイツ語訳の全集によって初めてキルケゴールの全体を知ったのである。ハイデッガーもその一人であり、ヤスパースもその一人であった。ヤスパースが一九一三年に初めてキルケゴールを読み、それから決定的な影響を受けたのも、こう

キルケゴール

した歴史的背景によるのである。

「実存」の三つの規定

ヤスパースの「実存」にもどろう。ヤスパースは、『哲学』の序論で、この実存をさらにくわしく規定して、それは(1)「決して客観となることのないもの」、(2)「私がそれに基づいて思考し行動する根源」、(3)「自己自身にかかわり、かつ、そのことのうちで超越者にかかわるもの」というふうに語っている。そこで今度はこの三つの規定を手がかりとして、ヤスパースの「実存」とその「実存哲学」の性格を考えてみたい。

まず第一に、私がそれである実存は、決して私の客観とはならない。われわれは実存を目の前にある事物のように客観や対象として認識することはできないし、また概念だけで十分に規定することもできない。ヤスパースによると、「実存」ということばすらも「なんら概念ではなく、〈一切《いっさい》の対象性の彼岸《ひがん》〉を指示する指標」にすぎないのである。したがって実存は、事物を客観化し対象化してとらえる個別科学の対象とはもちろんならないし、またそのような科学的認識を模範とする科学的な哲学によって自覚されることもない。実存は人間を動物の一種として対象化する人類学にとっても、また人類学の知識を摂取《せっしゅ》しつつそれに哲学的反省を加えようとする、いわゆる哲学的人間学にとっても無縁の存在である。実存はそうした立場からみればいわば無であり、それをあるとするのは、虚妄にすぎないということになろう。

実存が客観として把握されないのは、先の二番目の規定にあるように、実存がまさに「私がそれに基づいて思考し行動する根源」だからである。私はたとえば、自分の存在を動物ももつような有機的生命として、あるいは科学的な一般的真理を学んだり探究したりする意識一般として、あるいは全体的な真理に至ろうとする精神として、対象化することができる。だがしかし、自己の存在はそのように対象的に把握されたどの存在とも同じではないし、それらをすべて寄せ集めたものでもない。自らをそのような存在として把握する私の存在は、生命でも意識一般でも精神でもない。いいかえれば、対象化によってとらえられた諸存在はいずれも私の存在の究極の根拠ではありえない。そしてヤスパースが実存という指標によって指示するのは、この「自己存在の暗黒の根拠」なのである。

ところで、実存が思考と行動の根源であるという規定は、ヤスパースの実存哲学がどのような性格の哲学であるかをも明らかにする。つまりヤスパースの実存哲学は、なによりもまず、「実存からの哲学」を、実存に基づき実存から発する思索を意味するのであって、たとえば法哲学が法についての哲学であり、科学哲学が科学についての哲学であるように、実存についての哲学を意味するのではない。実存は元来対象とはなりえないのであるから、意識一般などの立場から実存について哲学するのは無意味な試みであろう。実存からの哲学としての実存哲学が求めるのは、非対象的な実存を対象化して認識することではなく、自己の暗黒な根拠である実存を自ら照明しつつ自覚することであり、それを通じて自らの実存がまさに実存するということとの意義を確認し、他方、他人の実存にもそれを訴えかけて他人の側でそれを自覚させることである。実存哲学は、このような性格をもつ哲学として、それ自身実は一つの「行為」であるといってよいであろう。ヤスパースの実存的思索の意図は、たとえば『存在と時間』でのハイデッガーのように人間存在の分析を通じて存在の意味を明らかにしようということにあるのではなく、実存照明という方途によって「人間自身が本来何であるかを想起させ、覚醒《かくせい》させる」ことにあるのであって、このことはヤスパースがくり返し強調している点なのである。

では、対象として把握されず、科学的立場からは無にすぎないと思われる実存がまさに現実に存在する(実存という日本語はもともと現実存在をちぢめてつくった造語である)ということに、ヤスパースはどのような意義を与えるのであろうか。ここでわれわれは先にみた第三の規定に帰ってくる。つまり実存は、ただ自己にのみかかわる存在ではなく、そのことのうちで、そのことを通じて、超越者にかかわる存在なのである。ヤスパースの考えでは、自己存在の究極の根拠である実存も、実はそれだけで自立的に存在する根拠なのではない。実存はさらに一なる超越者によって支持されているのであり、したがって、自らがそのような超越者への帰依の関係にあることを真に自覚するときに、実存はいわば初めて実存することになる。「私が実存であるのは、力としての超越者にかんする知と一つになることにおいてのみであり、この力によって私は本来的に私自身なのである。」実存は超越者に向かい合った時に初めて現実となり、逆に、「超越者は実存に対して初めて現実となる。」超越者の存在をいまだ確認するにいたらない実存——いわばその過程のうちにある実存は、超越者に面した現実の実存に対しては可能的実存とよぶべきであろう。実存と超越者との関係は、これまでわれわれが現実とみなしてきた地平とは全く別の、一つの新しい地平において成立するのであって、この地平こそが本来の現実の地平であり、この地平においてのみ両者は本来的に現実となるのである。

キルケゴールは、人間は単独者となることによって初めて神に面することができると主張した。実存が超越者とのかかわりにおいて初めて現実となるというヤスパースの思想は、この面でも明らかにキルケゴールの思想との親近性を物語っている。サルトルは『実存主義はヒューマニズムである』で実存主義を二つにわけ、マルセルとヤスパースを有神論的実存主義者とよび、自分とハイデッガーを無神論的実存主義者とよんでいるが、この区別が正しいかどうかは別問題として、とにかくヤスパースとサルトルの思想の根本的なちがいは、人間をこえた神的な超越者を認めるか認めないかにある。そしてこのちがいは、キルケゴールとニーチェのちがいでもあったといえよう。すでに触れたように、ヤスパースが実存主義者とよばれるのに抵抗を示したのも、超越者の存在を否定するサルトルの実存主義から自己の哲学を峻別《しゅんべつ》するためなのであった。

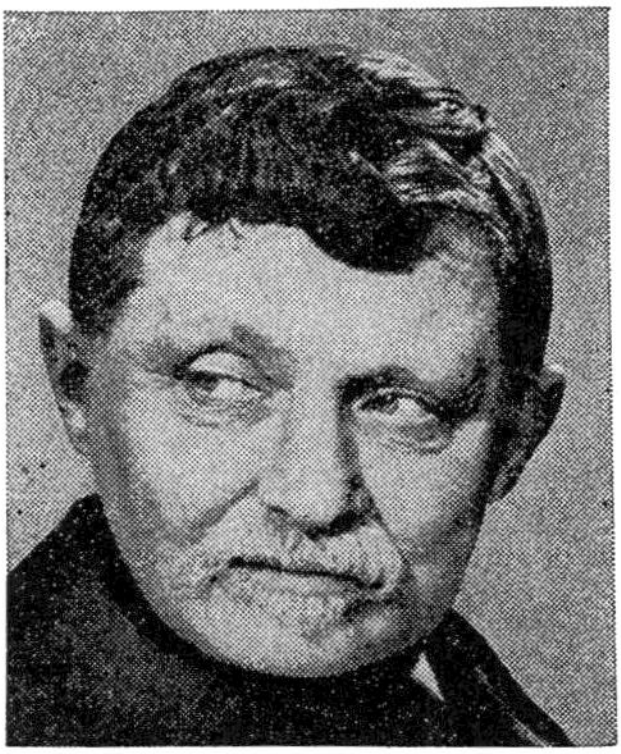

マルセル

哲学の課題としての「存在の探究」　実存についてのヤスパースの基本的な考えをもう一度確認するために、第一の主著『哲学』にもどって、そこで語られている事柄の意味を考えてみよう。まずその「序論」であるが、これは四部にわかれ、「存在の探究」「可能的実存から哲学すること」「分節化原理としての超越することの諸様態」「哲学することの諸領域の概観」という表題がそれぞれ与えられている。このうち、「可能的実存からの哲学」ということの意味は、すでに明らかになった。ヤスパースの実存哲学は、現実になることを目ざしての可能的実存からの哲学である。それでは、「存在の探究」とは何を意味し、それはまた「実存からの哲学」とどのように関連するのであろうか。

存在とは何か、という問いは、哲学が昔から問い続けてきた問いであった。いったい、あるものが存在する、つまりそのものがあるということは、どういうことなのであり、どういう意味なのであろうか。

「……というのは、きみたちが〈ある〉という言《い》い方をするとき、いったいそれがどんな意味なのか、きみたちはずっと以前からむろんよく知っているのだ。ぼくたちも以前には、それがよく分《わか》っているつもりだったが、いまではてんで分らなくなって困っているのさ。」(プラトン『ソフィステース』から　桑木務訳)

日常われわれは〈ある〉とは何かなどと問いはしない。机の上のライターを見て、このライターが〈ある〉というのはどういうことか、などと問いはしないだろう。かりに問うとしたら、あるからあるのさ、とか、見えているじゃないか、という答えが返ってくるにちがいない。では、〈ある〉とは〈見えている〉ことであろうか。空気は見えないから、〈ない〉のであろうか。いや、直接には見えなくてもいろいろ実験をしてみれば〈ある〉ことがわかる、というかもしれない。では、実験で確かめられないことは、たとえば、数学のある定理が〈ある〉とか、この絵に美が〈ある〉とか、神が〈ある〉とかは、どうであろうか。さらにいって、これらすべての〈ある〉は何かある共通の意味をもつのであろうか、それとももたないのであろうか。

このように端的に存在を問う学問は、「存在論」とか「形而上学」とかよばれるが、これは昔から哲学の中心部門を占めていた。もっとも近世になって、哲学の関心は、存在とは何かということよりも、存在についてのわれわれの認識がいかにして成りたつかを問題にする、いわゆる「認識論」に移ってきたが、しかし、それは存在とは何かという難問がすでに解決されたからなのではない。一九世紀末から二〇世紀初頭にかけて流行した新カント学派の哲学は認識論を中心としていたが、第一次世界大戦ごろを転換期としてふたたび存在とは何かを求める声が哲学のうちに生じてきた。哲学内部でのこのできごとは、「形而上学への反転」といわれているが、ヤスパースやハイデッガーの実存哲学も、この反転の系列に属している。ハイデッガーは、『存在と時間』の冒頭で先の『ソフィステース』の箇所を引用し、それに続けて語っている。「〈ある〉という言葉《ことば》でわれわれは本来何を考えているのか、という問いに対して、今日われわれはある答えをもっているであろうか。決してもっていない。それだからこそ、存在の意味を問う問いをあらためて立てる必要がある。」

存在意識の変革とその方法

では、ヤスパースは「存在の探究」ということで何を目ざしているのであろうか。それはハイデッガーが『存在と時間』で意図したような存在の意味の解明ではなくて、われわれの「存在意識の変革」である。つまり実存からの哲学において営まれる思索は、「私の存在意識を変革する思索」なのである。それはつきつめれば、私が存在する（実存する）ということの究極の意味を自覚させるための思索であり、私が本来それである実存を目ざめさせるための思索である、といえよう。存在意識の変革といっても、それはまず何かある対象が存在し、次にその存在についての意識があり、その意識を変革する、ということではない。そうではなくて、存在意識の変革はまさに全体として一つの「内的行為」を、つまり実存の自覚としての実存からの哲学することとそのことをさすのである。したがってヤスパースはまた、次のようにもいっている。「哲学することの意味は、そのものとしては言い表わされえない独自の思索、すなわち存在意識そのものである。」ヤスパースの「存在の探究」が「実存からの哲学」にほかならないことは、以上から明らかであろう。

　ところで、『哲学』によると、この存在意識変革の具体的な方法が、序論の第三部の表題になっている「超越すること」である。超越とは、いっさいの対象性を超《こ》えて非対象的なもののうちへと超え出ることであるが、このことはわれわれの主体の側に即していうと、個々の対象にかかわりある日常的もしくは科学的な対象認識の立場から、まずそれらの対象を全体として包括するような高次の自覚の立場へと超え出ることである。超越的な「哲学すること」は、こうしてもはや個々の対象の認識にはかかわらないで、それ自身は非対象的であるが、しかしわれわれの個々の対象への態度を全体的根本的に規定しているところのものにかかわるようになる。「存在意識と事物に対する内的態度の変革」は、このような超越において可能となり、かつ遂行されていくのである。「超越することによって、私はただちに自らの所有に帰するようないかなる認識をも獲得するのではない。そうではなくて、私の意識態度がこれまでとは別のものになるのであり、私のうちに一つの衝撃が生じて、それがあらゆる対象に対する私の態度を、最初はただ形式的にではあるが、変革するのである。」

哲学は科学や技術とちがって、なにか目に見える具体的な研究成果といったものをうみだすことはできない。哲学するということは、その意味ではきわめて非生産的な営みであるといえよう。生産性や実効性が重視される現代技術社会においては特にそうで、哲学の不毛性が攻撃されるのは実は主としてこうした実効性の観点からなのである。成果といえば、ヤスパースは精神医学の研究をしていた時代の一エピソードを語っている。それは主任教授ニッスルと廊下ですれちがったときのことで、ニッスルはいつもの調子で「何か成果はあったかね?」とたずねたが、その時ヤスパースの脳裏にいなずまのようにひらめいたのは、なんらの成果ももたないが、しかし有意義な思索というものが存在する、ということであった。もちろん当時のヤスパースはまだ哲学を自分の仕事とは考えていなかったが、しかしこうしたひらめきは、すでにヤスパースが事柄を科学的にではなく哲学的に考えはじめていたことを物語っているのである。

第一巻『哲学的世界定位』

ヤスパースの『哲学』の本論は、存在意識変革を目ざして「一つの〈超越すること〉を体系的に遂行」してみせたものである。「一つの」とあるように、これはヤスパース自身が試みた超越のしかたであって、だれもがこのしかたにしたがわなければならないというのではない。いいかえれば、われわれはこのヤスパースの超越の道筋を唯一《ゆいいつ》絶対のものとして固定して理解してはならないのであって、簡単にいえば、それを自らが超越する場合の一つの参考にしさえすればよい、ということである。実存から哲学するということは、ある実存哲学を教説として学ぶことではなくて、どこまでも自分の実存から思索することだからである。

ごく簡単に要約すると、『哲学的世界定位』という表題をもつ第一巻では、われわれの日常的な経験的知識や科学的な対象認識の基盤となっている「世界」への超越が行なわれる。世界は、われわれが生命をもった「現存在」として存在している場合の唯一の拠《よ》り所であり、したがって、われわれが現存在である限りでは唯一の現実とみなされているが、しかし世界についての超越的思索は、この世界が決して完結した全体ではないことを明らかにする。たとえば、科学は世界認識に際して原理的に越え出ることのできない限界をもっており、またそうした科学の立場を越えて完結した世界像を描こうと試みる実証主義や観念論の哲学も、結局自らの整合性を保つことができない。つまり世界についての超越的思索によって、「世界が存在のすべてであり、科学的認識が確実性のすべてである」とする態度は維持困難となり、ここに世界に全く依存する現存在の存在意識は変革の一歩をふみ出し、続いて超越的思索は世界存在に解消できない実存について試みられ、第二巻の『実存照明』に移るのである。

ところでヤスパースが、ただちに実存の問題にはいらないで、まず科学的世界認識の問題から出発しているのは、それなりに意味のあることといわなければならない。つまりそれは、哲学と科学とを明確に区別し、それによって両者の独立性と真正性とを保証するためなのである。科学は——マックス＝ウェーバーも主張したように——もろもろの事実について価値判断を控え、それらが事実どのように存在するかを明らかにする限りにおいて、自らの独立性と真正性とを確保する。科学的認識は人生に対していかなる目的をも示すことはできないが、しかしまさにそのゆえにこそ、万人に共通な科学的真理を提供しうるのである。だがこの科学的認識は、どこまでも前進していくものとして、決して完結した世界像を与えることはできない。もし科学が自らある世界像を与えることができ、人生の意味をそれによって示すことができると考えるならば、その科学はもはや科学そのものがもつ真正性を放棄したことになる。逆にまた、もしある哲学が自らを科学的であると称し、人生の意味を科学的・客観的に明示することができると考えるならば、その哲学もまた科学性を標榜《ひょうぼう》することによって、かえって哲学としての純粋性を失うことになろう。科学が哲学たりうると考えるのも、哲学が科学たりうると考えるのも、ともに独断である。さらにまた、哲学は科学が人生の目的を示さないからといって、科学を敵視したり無視したりしてはならないであろう。哲学は科学の限界をこえいくものであるが、しかし、それは科学を無視する悪しき意味での非科学的な思弁に陥ってはならないのである。かつて科学者であったヤスパースは、『実存照明』に先だってまず哲学と科学の関係を明らかにし、科学にその位置を与えるとともに、哲学のすすむべき方向を示したのであった。

第二巻『実存照明』

第二巻『実存照明』は、まず「自我そのもの」について考察し、次に本来の自我である実存を構成する「交わり」とか「歴史性」とか「自由」の問題をとらえて、内部から実存を照らし出そうとする。すでに触れたように、『哲学』での思索はすべて実存からの思索であり、その意味では『哲学』は全体として実存照明であるといえるが、この第二巻では特に実存が「自己自身の周囲をめぐり」ながら「自己の思惟《しい》された可能性に関係する」という、いわば狭義での実存照明が遂行されるのである。そこで「交わり」においては、実存が決して個々ばらばらのものとして孤立するものではなく、個々の実存相互の間にかわされる「愛を伴った闘争」としての交わりのうちに実存することが、「歴史性」においては、世界史と異なる運命としての歴史とか、そのうちで実存が真に実存しうる「時」である「永遠の現在」としての「瞬間」とかが、「自由」においては、実存の自由が実は超越者に繋縛《けいばく》された運命的必然性と一つであることが、それぞれ照らし出される。すでにこれらの照明によっても実存が孤立した自己充足的なものではないことが明らかであるが、さらに実存の有限性の自覚を徹底させ、超越者への実存の飛躍を促すのが「限界状況」の照明である。

前に触れたように、限界状況という考えはすでに『世界観の心理学』のうちに登場していた。そしてそこでは、限界状況は精神類型の分類に関して語られていたが、『哲学』のこの場所では実存の自覚を促す最重要な契機として明示されるのである。すなわち、死、悩み、争い、罪は、「われわれが超え出ることも変化させることもできない状況」――限界状況であり、実存はこの状況に面して自らの有限性に絶望すると同時に、超越者の主宰する真の現実へと目を向け、こうして存在意識を変革しつつ、本来の自己存在へと回生する。『世界観の心理学』でキルケゴールのとった道として間接的に語られていたことが、ここではっきりとヤスパース自身が選んだ道として闡明《せんめい》されるのである。ヤスパースはまた、『哲学入門』という書物で、アリストテレスの「驚き」とデカルトの「懐疑」とに加えて、限界状況における挫折《ざせつ》と喪失の意識を「哲学すること」の根源に数えているが、このことからも明らかなように、限界状況の自覚はヤスパースをして実存の思索におもむかせた主要な動因でもあったのである。

アリストテレス

第三巻『形而上学』

『哲学』は『実存照明』に続く第三巻『形而上学』において、超越者が自らをどのような形で実存に開示するかを問題とし、超越することの最終段階である「暗号解読」に到達する。すなわち存在意識の最終的な変革に対応してもろもろの事象は超越者の「暗号」となり、世界は「暗号の世界」となるのであって、実存はこれらの暗号の解読という形でそれ自身は見ることのできない超越者の現実を確認する。暗号はまた、実存が聞きとる超越者の「ことば」であるともいえるが、それは実存の絶対意識にただ瞬間的にのみ伝えられる「超越者の直接的なことば」と、神話や啓示や芸術にみられる実存相互間に伝達可能なことばと、哲学的伝達の可能な思弁的なことばに分類される。これらのことばは、それぞれ第一、第二、第三のことばとよばれるが、「超越者の現実はただ第一のことばにおいてのみ決定的」なのであって、したがってそれは、端的に「存在のことば」ともよばれるのである。

ところでヤスパースは、これらのなかでも特にかの限界状況での挫折の経験をもって「決定的な暗号」とする。「挫折はすべての暗号――存在の包括的根拠」であって、それに対してはもはやいかなる解釈も不可能であり、ただ沈黙によって答えることだけが可能である。「存在があるということで、十分なのである。神性についての知は、実は迷信となろう。しかしながら真理は、挫折する実存が超越者の多義的なことばをきわめて簡潔な存在確信へと訳すことができる場合に、存在するのである。」ヤスパースが最終的に到達したこの境位は、そのものとしてはもはや哲学的なことばによっては表現できない境位であって、事実『哲学』はここで巻を閉じている。可能的実存からの実存の自覚は、超越者の確認においてきわまるのである。そこでわれわれはふたたびふりだしにもどり、ヤスパースの哲学をささえるもう一つの契機に、つまり、「理性」に目をむけることにしよう。

理性による哲学

実存とならんでの理性の重視

ヤスパースの哲学は「実存からの哲学」であり、実存はかれの「哲学すること」の根源である、と述べてきた。だがしかし、その哲学は、『哲学』をみても明らかなように、きわめて組織的統一的な行程をたどっている。つまりそれは、一種の体系的性格をそなえているのであって、この点ヤスパースの哲学は、ひとしく実存からの思索を試みたキルケゴールやニーチェのそれと、本質的に異なった性格を示すのである。よく知られているように、キルケゴールやニーチェは「理性」に反抗し、実存を無視した理性的構築物である「体系」に反対する。つまりこの二人にとって、体系的・理性的な思索と実存に基づく誠実な思索とは、互いに相いれることのできない思索様式を意味していたのである。

だがしかし、これに反してヤスパースは、「思索は本性上すでに体系的である」とし、超越的な思索は自らのうちに「組織化すること」を含むとする。『哲学』がその外見において組織的体系的構造をもつのも、哲学的思索そのものに内属するこの「組織化すること」のあらわれなのである。そしてこのことは、ヤスパースの実存からの哲学が同時に理性による哲学でもあることを意味しよう。つまりヤスパースは、キルケゴールやニーチェのように理性を実存の敵として排除しようとはせず、両者をともに自己の「哲学すること」

のうちに位置づけようとするのである。では、ヤスパースは、キルケゴールやニーチェにおいていわば「あれかこれか」であった実存と理性を、なぜ「あれもこれも」というふうに取り入れるのであろうか。ヤスパースはなぜ理性に復位を許すのであろうか。

この点については、まず時代の相違を考えることが必要であろう。キルケゴールやニーチェは、一九世紀の中葉から後半にかけての時代、すなわちヘーゲル哲学の残照のもとに卑俗な合理思想がはびこっていた時代の思索家である。そこでかれらは、このような時流に反抗し、まずもって「単なる理性に対する全般的反抗」を試みなければならず、実存からの思索が単なる理性的な思考とは異なることを強調しなければならなかったのである。だが現代はといえば、『現代の精神的状況』で語られていたように、すでにニヒリズムが表面化した時代であり、むしろ単なる反理性のほうが理性をしのいでいる時代である。しかしながら、ヤスパースの考えでは、実存的思索は確かに実存を無視した単なる理性的思考ではないが、それだからといって、それは単なる反理性的思考であるのでもない。ヤスパースは、キルケゴールやニーチェについても、かれらは実は理性そのものを敵視したのではなく、むしろ平板的な単なる理性をこえて、「理性性のあらゆる様式を無制限に自己のものとしようと試みた」のだと語るのである。

この解釈の当否は別として、ヤスパースは理性の存在を端的に否定しさろうとする現代の時代意識に対し、逆に実存的思索の理性性を強調する。『理性と実存』で、ヤスパースは語る。「今日実存哲学と名づけられる哲学は、混沌《こんとん》とした反理性運動の一つであることを願うのではない。そうではなくて、合理的理性性の偽装のもとにあらわれたり、あるいは公然たる反理性としてあらわれたりする混沌的なものや破滅的なものへの反撃であることを願うのである。」ヤスパースのこのような態度は、「時代の哲学」に対して「永遠の哲学」を求めるという、先に述べたあの態度と一つである。だからヤスパースは、『現代における理性と反理性』という小著の中で、現代にはびこる反理性的魔術的思考を退けながら、次のようにも語っている。「ここ数十年私は実存哲学について語ってきたが、その際に、問題なのは一つの新しい特殊の哲学ではなく、一にして永遠の哲学であることを付言してきた。……今日では私は哲学をむしろ理性の哲学とよびたい。と言うのも、哲学のこの最古の本質を強調することが緊急のように思われるからである。」

それでは実存の覚醒を目ざす思索にあって、理性はどのような機能を果たすのであろうか。あるいはまた、逆にいって、ヤスパースは本来どのような機能をもつものを理性と名づけているのであろうか。

実存を自覚するための媒介者としての理性

まず実存と理性との関係に注目しよう。『理性と実存』のうちには、この両者の関係を簡潔に示した表現がある。すなわち「実存はただ理性によってのみ明るくなり、理性はただ実存によってのみ内実をうる」というのが、それである。自己存在の暗黒な根拠である実存は、理性の助けによって初めて明るみにもたらされる。実存の自覚は実存からの自覚であるから、もちろん単なる思弁といったものではない。けれども他方、実存の自覚がまさに自覚であって、神秘的直観のたぐいではない以上、それはきわめて広い意味での知を、思考を、媒介としなければならない。そしてヤスパースは、理性というものをまずもってこのような「媒介者」としてとらえるのである。つまり、理性は自分からある内容を産出する能力ではなく、その点実存とはちがって、自己存在の「固有の根源」ではない。理性は実存から内実を得つつ、それを実存に明らかにする媒介者であって、その意味で、それはまた「実存の道具」ともよばれるのである。

理性はこのようにそれ自体としては非生産的非創造的能力であり、その限りでは消極的な能力であるが、しかしそれは、まさに自分からいかなる内実をも産出せず、また悟性のように個々の知識を固定化し守蔵しないという点で、かえって一つの積極的な機能を果たすことになる。つまり「理性の思考は立ち止まることや終止することを知らない運動のうちにのみある」のであり、こうして理性は、実存がそのつど産出し、悟性がそのつどそれを固定化しようとする知をくつがえしつつ、実存をしていっそう広大な、そしていっそう深化した自省の領野へとおもむかせる。もし実存がこのような理性を欠くならば、実存はその時々の感情や恣意《しい》に身をゆだねていく盲目的なものとなろう。そしてその時には、実存はもはや実存することを放棄しているのである。

統一と交わりへの意志としての理性

理性による思考は、おのずから実存の自覚を組織化し、統合し、集約していく。理性はこのようなものとして、「統一への意志」でもある。理性はともすれば個々の確信に盲従しがちな実存をして、その確信の限界を自覚させ、それをいっそう高次の自覚のもとに統合する。つまり理性が統一への意志であるといっても、それは「単に統一のためにある統一を求める」のではなく、無限のかなたに課せられた「現実的にして唯一の統一」を、「そのうちにすべてが存在する一者」を、実存に求めさせるのであり、そのゆえにこそ自らは休むことを知らない運動のうちにあって、実存に無限の自省を促すのである。

さらに理性はそのものとして「無限の公開性」であり、「総体的な交わりへの意志」である。実存のその時々の確信がそのまま一なる真理ではないのと同様に、個々の実存が自分だけで閉鎖的に他人との交わりを欠いて真理と確信するものも、その実は究極の真理ではない。ヤスパースは、「真理は二人からはじまる」とも語っている。つまり実存哲学は、もはや孤独ないわゆる「例外者」の独白《どくはく》であってはならないのである。ヤスパースは確かに「偉大な例外者」であるキルケゴールとニーチェの思想を重視はするが、しかしヤスパース自身が意図するのは、「例外者を注視しつつ、例外者であることなしに、哲学する」ことである。理性は孤立的閉鎖的な実存のからを破り、それを他人の実存に対して公開し、交わりにおいてその独善的な信念を改めさせる。一にして普遍的な真理への道は、総体的な交わりへの意志としての理性によって初めて開かれるのである。

垂直と水平の次元としての実存と理性

さて、われわれはこれまでヤスパースの哲学が実存からの哲学であるとともに理性による哲学であることをながめてきたが、ところで実存と理性との関係はまた次のように考えることもできよう。すなわち、実存と理性とはヤスパースの「哲学すること」を構成する二つの次元であって、実存からの思索はいわばその垂直の次元を、理性による思索はその水平の次元を、それぞれ構成する。実存は超越者が主宰する一なる現実を目ざして上へと垂直の方向に飛躍を試みるが、しかしその飛躍は常に水平の次元において理性の無限の反省を受けなければならない。また逆に、理性は水平の次元できわめて広大な知の領域と秩序を探索するが、しかしそれは、実存に垂直の次元での正しい飛躍を促すためなのである。

実存と理性とが垂直と水平の次元を形成するということと関連して、われわれはまた、実存の時間的歴史的性格と理性の空間的地平的性格を指摘できるであろう。実存はまさしく歴史的に実存しており、したがって実存からの自覚は常に歴史的時間的な自覚であるが、しかしそれは、同時に理性による自覚として、無時間的な広大な知の地平をふまえたうえでの自覚なのである。

理性に重点をおいた「哲学的論理学」

いまこの垂直と水平という図にしたがうと、『哲学』でのヤスパースの思索は、この垂直の次元に重点があり、主としてこの方向にそって展開されたものと考えられる。つまり『哲学』は、実存が一なる現実を目ざして超越していく行程をそのまま叙述したものである。したがって、そこでは理性に関してはほとんど語られていないわけであるが、にもかかわらず、「世界定位」「実存照明」「形而上学」という『哲学』の組織的構造は、そこで展開される実存からの思索がいぜんとして理性による思索であることを物語っているのである。

だがこれに反して、『哲学』以後のヤスパースは、むしろ水平の次元に、つまり理性の面に力点をおいて自らの「哲学すること」を叙述するようになる。このことは実はすでに『哲学』の「前書き」で予示されていたが、しかしその構想はそれから三年後の『理性と実存』で初めて具体的に示され、さらに沈黙を強いられていた時代に準備された第二の主著『真理について』でほぼその全貌《ぜんぼう》を明らかにする。そしてヤスパースは、広義での「実存照明」である『哲学』に対比させながら、この新しい叙述の試みを「哲学的論理学」と名づけたのである。哲学的論理学は、理性が自らの作用の基づく地平をくまなく呈示し、それを組織化する試みである。「理性は、哲学しつつ自らを自己自身において照明しながら、哲学的論理学を展開する。哲学的論理学は、理性の自己意識もしくは機関《オルガノン》とよばれることができよう。哲学的論理学は、理性に付随するのであって、それは実存照明が実存に、形式論理学が意識一般の悟性に……付随するのと同様である。」

すでに触れたように、理性は自分自身からはいかなる哲学的内実をも産出しない。したがって理性の自己意識である哲学的論理学も同じであり、その限りでは「この論理学の意義は消極的」なのであるが、しかし、他方それは「哲学的内実がそのうちではじめて真に確証されることができる地平と形式とを実現」し、こうして「あらゆる可能的内実に対する空間を保証する」限りにおいて、一つの積極的意義をもつことができるのである。

包括者という考え　さて、このような意図をもつ哲学的論理学は、まず「諸存在のあり方をその形式にしたがって表出する」ことを試みるわけであるが、この思考操作に際して新たに登場してくるのが、「包括者」という考えである。ヤスパースは、さまざまな存在がそのうちで現象し、したがってまた、それら存在するものについての知がそのうちで初めて成りたつようになる包括的空間を考え、これを包括者とよぶ。つまり包括者は、本来は人間存在をも含めたあらゆる対象存在の地平を包括する全体者であり、その意味でまだ主観・客観の分裂にいたらない超越的一全体であるが、しかし、われわれがこの「一なる包括者」を確認しようとすると、それはただちに主客に分裂し、「存在そのものである包括者」と「われわれがそれである包括者」とになり、さらに前者は「世界」と「超越者」とに、後者は「現存在」と「意識一般」と「精神」と「実存」とに、それぞれ分裂する。そしてヤスパースは包括者のこれらの諸様態をあらかじめ提示した後に、まさにそれらの「紐帯《ちゅうたい》」である「理性」によって、それぞれの存在様式や知の様式、真理の意義や交わりの意義などを比較考量し、その全体の連関を追究していくのである。

なおちなみにいうと、ヤスパースが「包括者」ということばにこうした積極的意義を与え、自覚的にこの用語を使用するようになったのは、『哲学』を書きあげた後の「哲学的組織法」と題する講義（一九三二）以来であり、著作のうえでは『理性と実存』以後のことである。そこでこのような事情からして、ヤスパースが「包括者」を哲学的論理学のための概念として設定したこと、つまりそれを直接にはある内実をもつ概念としてではなく、むしろ理性の自省に資する方法概念として設定したことが考えられるのである。「包括者」が「空間」とよばれるのも、それが時間的歴史的な実存にではなく、無時間的偏在的な理性に直接対応するからだ、といえるであろう。

ところで、ここでは包括者論の内容にたち入ることは控え、この包括者の思想を基幹とする理性による哲学が、同時になお実存からの哲学であることを指摘するにとどめよう。すでに触れたように、ヤスパースは理性を「実存の道具」としてとらえるが、哲学的論理学はまさにそうした理性の機関《オルガノン》であって、それ自身が独立した一つの存在論として実存照明に対立するのではない。そしてこのことは、さきの包括者の分類のしかたからもただちに知られよう。それは実在論的存在論のようないわゆる客観主義の立場からは、きわめて恣《しい》意的なものであり不整合なものであると非難されるかもしれない。だがそれでもよいのであって、というのも、包括者の以上の分類は、主観としての実存の自覚にとってのみ意義をもつのであり、また事実それは実存の自覚に資するようにと試みられた分類にほかならないからである。

カント

包括者の分類は、『実存哲学』などによると、三つの段階を経てなされている。まず第一段階は、一なる包括者が主客の分裂に応じて「世界」と「意識一般」とに分裂する段階で、そこではカントの考え――つまり、われわれに対立する対象存在がすべてわれわれの思考する意識によって制約されているという考えが参照されている。だがしかし、私がそれである包括者を考えてみると、それは決して意識一般だけに尽きるものではない。そこで第二段階として、私がそれである包括者はさらに「現存在」「意識一般」「精神」の三様態に区別される。この三様態は、いずれも自己充足的な、その意味で内在的な存在であるが、この段階を基盤としてさらに「内在からの超越」が試みられ、ここに初めて私は、「実存」と「超越者」という包括者があらわれる第三の段階に到達するのである。この過程をみても明らかなように、包括者の思想が意図しているのはやはり「存在意識の変革」であり、実存の覚醒である。哲学的論理学は理性による思索に重点をおきつつ「哲学すること」を叙述してみせるが、しかしそれは、いぜんとして垂直的次元において成りたつ実存からの思索を自らのうちに内含しているのである。

科学と宗教の間の哲学

実存と理性の関係の再検討　われわれはこれまで実存と理性の関係を主題として、ヤスパースの「哲学すること」をながめてきた。要約すると、(1)ヤスパースの「哲学すること」は実存と理性という二つの極――あるいは次元――をもつこと、(2)そのあらわれとしての、つまり、叙述されたものとしての「哲学」にあっては、『哲学』では実存に、『哲学的論理学』(『真理について』と、その前段階もしくは準備としての『理性と実存』や『実存哲学』などの著書）では理性に主軸があること、(3)にもかかわらず、「哲学すること」はそのどちらにあっても等しく「実存からの思索」であると同時に「理性による思索」であること、に触れたのである。そこで最後にもう一度実存と理性の関係をたずね、この両者を二極とするヤスパースの「哲学すること」そのものの根本性格について考えてみたい。

　実存と理性は、これまでの叙述にしたがう限りでは、あたかも互いに協調し相補いあう調和的な二極であるかのようにみえよう。そして事実ヤスパースは、実存と理性とをそのような関係にあるべきものとしているのである。だが私は、ここでヤスパースのこのような叙述の背後にまわってみたい。つまり私は、ヤスパースが両者の関係を調和的であるべきだと主張するのは、実は両者が元来そのような調和的関係にないことを十分理解しているからこそ、そうあるべきだという観点から両者の関係を改めてとらえかえしているのだ、と理解するのである。実存と理性は――キルケゴールやニーチェも見抜いていたように――元来調和的ではなく、排他的であり、その本性において互いに他をけんせいする、いな、むしろ他を否定しさろうとする対立関係のうちにある。すなわち実存は、理性の軛《くびき》からのがれて超越者の現実へと飛翔《ひしょう》することを、また理性は、実存の希求を退けて完結した内在的世界にとどまることを志向する。実存は本性上無理性的実存になることを望み、理性もまた自らは無実存的理性になることを望んでいるのである。

　ヤスパースの「哲学すること」の根本性格は、実存と理性をふたたびこのような対立関係においてみることによって、初めて明らかになる。すなわち、かれの「哲学すること」そのことは、実は互いに他を退ける実存と理性の無限の相剋《そうこく》と緊張のうちで営まれているのである。実存と理性は最終的には調和すべきなのであるが、しかし、ヤスパースは両者の単純な総合やみせかけのうえだけでの弁証法的統一などを求めてはいない。総合や統一はカントのいう意味での理念にとどまるのであって、もしわれわれが現実にそれに到達することができたとするなら、それはもはや真の総合でも統一でもない。ヤスパースが恐れているのは、総合を意図するあまり、「哲学すること」がかえって両者のどちらかの側に片寄ることである。その意味ではヤスパースは実存と理性の現実の総合を求めているというよりは、むしろ両者の純粋な緊張関係のうちに哲学する自己をひきもどそうとしているのであり、そのことに自らの「哲学すること」の誠実さを賭《か》けているのである。

科学と宗教の間の哲学的信仰

ヤスパースの哲学的思索は、こうして実存と理性のいずれの側にも片寄ることのない緊張関係のうちで営まれていくが、このことは哲学のあるべき姿についてのヤスパースの見解に、つまり「啓示信仰と無神性との間の哲学」という見解に合致する。これはいいかえれば、宗教と科学との間の哲学、ということにもなろう。実際、哲学はこのような立場をとることによって、宗教の立場からは無信仰であると非難され、科学の立場からは「宗教の稀薄《きはく》化」であり非科学的であると非難される。だがヤスパースは、「それにもかかわらず哲学することは、その独自にして他と代置できない自己固有の根源を覚知する限りにおいて、依然として真である」ことができると主張する。これはヤスパースの哲学に即していえば、次のようになろう。哲学することは、実存と理性の緊張関係のうちで超越者を求めることに哲学特有の根源を見いだし、そのどちらにも片寄ることなく、この根源に誠実な思索を展開していく限りにおいて、宗教や科学に対して自己の独自性を主張することができるのである。

ヤスパースはまた、このような哲学の根源を「哲学的信仰」とも名づけている。哲学的信仰は、人間存在だけを絶対視して超越者の存在を認めない無信仰——たとえば人間の神格化とか、ニヒリズム——に対立するが、しかし、それはまた「哲学的」信仰である限りにおいて、啓示や権威に基づく特定の「宗教的」信仰にも対立する。ヤスパースの実存哲学は、サルトルが「有神論的」とよんだように、ハイデッガーやサルトルの哲学に比べると著しく宗教的——キリスト教的——色彩の濃い哲学である。このことはヤスパースが超越者について語り、その超越者を端的に「神」とか「神性」とよぶことからも知られよう。だがしかし、ヤスパース自身は、哲学を宗教から区別し、両者の間に明確な一線を画しているのであって、それが「哲学的信仰」ということばにもあらわれているのである。

宗教に対する批判　ヤスパースはすでにその『哲学』において、科学や芸術から哲学を区別するとともに、宗教からも哲学を区別していた。宗教は自分だけが真実であり、哲学は宗教の前段階にすぎないと主張し、科学は真理を占有するのは科学だけであり、いっさいが科学の対象となった後は哲学は無用になると主張し、芸術は芸術で哲学は空虚であり、真実なものは芸術作品のうちでのみ把握されると主張する。

これらはいずれも哲学とその自立性とを否定する見方であるが、しかし、すなおに反省してみると、このようにみられる原因は哲学の側にもあったといわなければならない。哲学のなかには、自ら哲学的宗教であることを望んで啓示や権威に身をゆだねたものもあるし、また自分を科学と同一視して科学的哲学であろうとしたものもあるし、自分を誤解して一種の芸術的な概念詩であるとみなしたものもあった。だがヤスパースによると、そうした哲学はいずれも哲学に固有な根源を放棄し、哲学とは別の根源に寄生して生きているいわばにせの哲学なのである。

　ところで、そのどれにも寄生しないで自分の根源から生きる哲学は、科学とは和解することができ、芸術は愛することができるが、しかし宗教とは戦わなければならない。哲学は科学や芸術とも対立緊張の関係にあるが、だがこの対立緊張は宗教に対するときには絶対的なものになる。哲学者と科学者、哲学者と芸術家は、ある面では協調することができる。だがヤスパースにいわせると、「本来的な信者は神学者となることはできるが、しかし自己に背《そむ》くことなしには哲学者となることはできず、また哲学者は哲学者である限り自己に背くことなしには信者となることはできない」のである。

　哲学の他者としての宗教は、祈禱《きとう》と礼拝と啓示とが共同体（教会）を建設し、それらがまた権威とそれに従うひとびとの従順との源泉になっている場合にのみ存在する。そこでは、たとえば啓示といったできごとは、史的に一回的な事実として固定化されており、神のことばもまた、われわれの側からの自由な解釈をゆるさない絶対的なものとして与えられている。われわれはただ神のことばの権威を信じ、それに従順にしたがわなければならない。だがこれに反して、「実存の自主性は、すべての歴史的客観性のうちにただ超越者の可能的なことばのみをきくのであって、このことばを自分のものとして理解するのが実存の課題」なのである。礼拝や祈禱といった特殊な宗教的行為は、実存にとっては無縁である。なるほど哲学は、「瞬間的な単独者の飛翔《ひしょう》のうちで宗教に近いものになる」が、しかし、哲学的に実存しようと欲する人間は、宗教的な人間があえて試みる自己放棄による回生といった飛躍を、自己において行なうことを許さない。問題は、自主性を放棄して服従にむかうか、それとも礼拝や啓示を放棄して自由にむかうか、そのいずれかを選ぶことで、「宗教と哲学の間のこの決断は、人間が曖昧《あいまい》な無規定のうちにとどまることを欲しない以上、いかなる人間も実にそれを回避することができない」のである。

ヤスパースが宗教に対して哲学の独立性を主張するゆえんは、以上からほぼ明らかであろう。宗教とちがって哲学は、権威への服従に対して実存の自由を、われわれを強制し束縛する教義に対して理性の自由な思索を要求するのである。ヤスパースは教会の権威に対しては常に批判的であるが、これは前に述べた父親の教会に対する態度などからもうかがえるように、おそらくヤスパースが育った宗教的に自由な家庭環境にもよるのであろう。またギムナジウム時代のエピソードが示すように、ヤスパースはおよそ上から権威をもって押しつけられる事柄に対してはことごとく反抗した。それは決して気ままないわれなき反抗ではなく、内に働く理性がそれを許さなかったのである。理性に対する信頼を放棄したときに、人間は自らすすんで権威に服従するのであって、それは学校の権威であろうと、ナチス国家の権威であろうと、教会の権威であるうと、すべて同じことなのである。

神は自由な実存に現前する

では、実存の自由を強調することは、同じく人間の自由を主張するサルトルの場合のように、神の存在を否定することにはならないだろうか。宗教に対して哲学の独自性を擁護《ようご》することは、宗教家が非難するように、結局は無神論ではないのであろうか。ヤスパースは決してそうは考えていない。それはヤスパースが、実存の自由ということのうちに、強制や束縛からの自由ということよりも以上のことをみているからである。

実存の自由は、『哲学』にあっては、超越者に繋縛《けいばく》された運命的必然性と一つである、とされていた。すでにここにも、実存の自由と超越者の存在が不可分であることが示されているが、ここでは両者の関係を一九五〇年に公刊された『哲学入門』のうちに探ってみよう。ヤスパースはこの書のうちで、「神の思想」について語っている。神は決して知識の対象ではないから、中世以来さまざまな形で試みられた「神の存在証明」によって知ることはできない。しかしまた、神は不可視であるから、もちろん感覚的経験の対象ともならない。だがそれにもかかわらず、神は存在するのである。

では、神が存在するというこの信仰は、どこから生ずるのであろうか。ヤスパースによると、それは人間の自由から生じてくる。「自己の自由を真に自覚する人間が、同時に神を確認する。自由と神とはわけることができない。なぜであろうか。私は、私が私の自由のうちで私自身の力で存在するのではなく、私が自由のうちで私に贈られてくることを確信する。なぜなら、私は私になりきれないことがあるし、私の自由存在を力づくでとりよせることはできないからである。私が本来的に私自身である場合には、私は私自身の力で私自身であるのではないことを確信している。最高の自由は、世界からの自由において、同時にまた超越者と最も深く結ばれていることとして自覚される。人間の自由存在を、われわれはまた、人間の実存と名づける。……神は知識内容としてではなく、実存に対する現前として確実なのである。」

実存の自由は、もはや強制束縛からの自由でもなければ、A・Bいずれかを選ぶ場合にそのどちらをも選ぶことができるといった選択の自由でもない。実存の自由が真にそれとして自覚されるのは、人間が自己の全存在をかけてある行為をなすべく決断する場合にであって、その場合決断の自由はもはや自力による自由（強制束縛からの自由・選択の自由）としてではなく、神から人間にゆだねられた自由として自覚されるのである。そうだとすれば、実存の自由を主張することは、決して神の存在を否定するものではないであろう。逆に、もしわれわれが実存の自由を否認するならば、神の存在もまた否認される。また、もしわれわれがあくまでも人間の自力による自由を主張するならば、それは人間の神格化にいたるであろう。神はどこまでも自由な実存に対してのみ現在するのである。

『啓示に面しての哲学的信仰』　一九六三年、ヤスパースは退職前にバーゼル大学で行なった講義をまとめて、『啓示に面しての哲学的信仰』という書物を著わした。技術的現代にあっては、啓示信仰はしだいにすたれつつあるが、しかしこのことは、「聖書のかけがえのない真理内容を常に新たに自分のものにすること」をも締め出すことにはならない。聖書のうちに示されている啓示と、啓示信仰とは、区別する必要がある。啓示信仰の方は経験的現象として探究可能であるが、啓示そのものは科学的探究の対象とはならない。ヤスパースがこの書で試みているのは、「聖書内容の真理を、哲学しつつ、私の解釈において自分のものにする」ことである。それはつまり、啓示を神の暗号として解読することであって、『哲学』第三巻での暗号解読が聖書に適用されたとみてよいであろう。しかし、ヤスパースも断わっているように、この解釈は啓示にかかわろうとしているのでもなければ、啓示の唯一の解釈として権威を主張しようとしているのでもない。それはどこまでも実存の自由に基づいた自由な解釈である。したがってまた、聖書の自由な解釈を試みる哲学的信仰は、啓示信仰そのものの意義を否定しさるのでもない。哲学が対立するのは神学的な教義学であって、啓示信仰ではないのである。

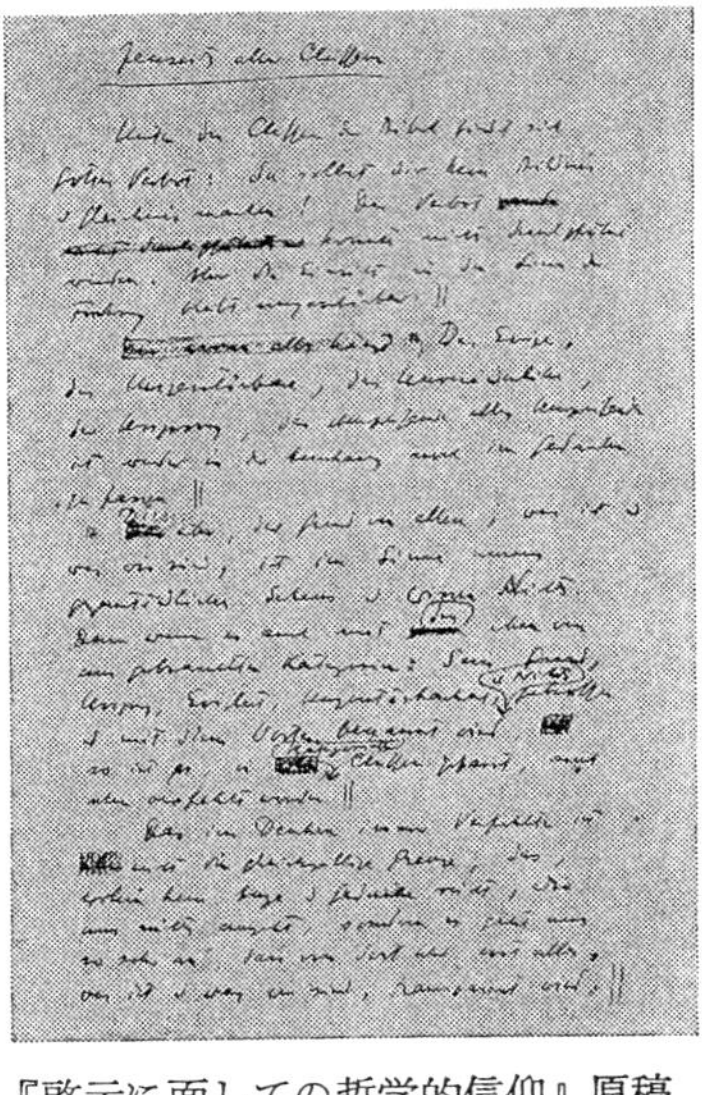
『啓示に面しての哲学的信仰』原稿

キリスト教の啓示や信仰に対するヤスパースのこのような態度は、同じく人間の実存を重視し、実存から

の信仰を説く現代のいわゆる実存主義神学の立場に、きわめて近いとみることもできるであろう。しかしまた両者の立場が近いだけに、かえって両者の違いが先鋭化されてくるともいえる。神学は実存の自由を認め、啓示の実存的解釈を認めるとしても、啓示そのものが人間の実存をはなれて厳として存在するというその実定性を否定するわけにはいかない。神学の側からすれば、ヤスパースの哲学的信仰はまだまだ人間主義的な神信仰であって、神と啓示の存在から出発する啓示信仰ではありえないことになる。だがヤスパースにいわせれば、それはそれでよいので、哲学的信仰と啓示信仰とは「合一」しはしない。しかし両者は、それだからといって対立するものではなく、どこかで「互いに出会う」はずのものである。そしてそれは、おそらく、実存相互の「交わり」においてであろう。たとえどのような宗教を信じていようとも、またどのような信じかたをしていようとも、人間は理性による交わりを通じて、互いに他の立場を認め、また一なる真理を確認しあうことができる。理性はもともとこうした交わりへの意志であって、信仰は理性を欠くと他人に対して不寛容な閉鎖的宗教となり、宗教《レリジョン》の語義であるひとびとの結合《レリギオ》に反して、かえって人間を孤立させる結果を招くのである。

哲学的生活態度

われわれはヤスパースの哲学思想を概観した。それは実存からの思索であり、理性による思索であり、超越者に対する哲学的信仰である。ヤスパースの哲学はきわめて包括的であり、そのうちにはきわめて難解な——ことばのうえではなくて、内容のうえで——部分もある。しかしわれわれは、おぼろげながらもヤスパースの哲学から、哲学的な生活態度ともいうべきものを学ぶことができるであろう。人間にはさまざまな生き方がある。人間の現存在のみを重視する日常的な生き方もあれば、科学的合理的なものだけを信じて生きる科学的な生活態度もある。また神の存在を信じて、それにひたすら帰依して生きる宗教的な生活態度もあろう。しかしそれらとは異なった、哲学的な生き方というものもある。哲学が単に職業的な哲学者の話題になるだけのものであるならば、そうした哲学は生命のないものであり、やがて滅びさるであろう。哲学はそれが人間の生き方のうえに反映し、他の生き方とはちがった哲学的な生活態度をもたらす場合に、一つの生命を獲得するのである。では、ヤスパースのすすめる哲学的な生活態度とは、どのような態度であろうか。

『哲学入門』のうちで、ヤスパースは語っている。「実際に与えられた仕事や日々の要求に従うことは、人間の現存在においてはなるほど確かに最重要事である。しかしそのことだけで満足しないで、たんなる仕事やさまざまな目的に没頭することがすでに自己忘却への道であり、同時に怠慢と罪であることを経験することが、哲学的な生活態度への意志である。」技術的な世界にあっては、人間の自己忘却はますます促進される。人間は自分を巨大な機械の一歯車だと感じるようになり、なかばあきらめてそれだけに自分を限定するか、それともその歯車であることにかえって生きがいを見いだし、他人がかわることのできない歯車になろうとして努力する。だがこうした生き方は、いずれも人間の現存在だけを問題にしている自己（実存）忘却の生き方であって、そこには自己とは何かといった、自己についての誠実な内省が欠けているのである。

つまり哲学的な生き方は、自己についての日々の内省に根ざした生き方であり、常に理性の目をひらいて、たえず自己に本質的なものに接しようとする生活態度である、といってよいであろう。実存の自由についての自覚や、それにともなう超越者の確認も、そうした生活態度のなかから初めてうまれるのである。

哲学的に生きる人間は、自己をたえず内省するだけではなく、常にひらいた心をもって他人との交わりを求める。それは単に社交的な目的やだれからもよく思われたいという目的のためにではなくて、自己がその根源において他者と結ばれており、「真理は二人からはじまる」ことを知っているからである。他人に対するこのひらいた態度は、愛とよんでもよいであろう。しかし、それは常に自己の自立性を伴った愛であって、盲目的な愛でもなければ、耽溺《たんでき》する愛でもない。他人を他人として、つまり他人を自分と同じように独立したかけがえのない他人として認め、そうした人間として接することが、その人間を愛するということなのである。それはまた、文字通りの意味でヒューマニズムであろう。自分を他人よりも一段高いところにおき、弱い者やしいたげられた者に対して感傷的な同情をそそぐ自称ヒューマニズムとはちがって、これは他人とともに真理を見いだしていこうとする決意を伴った人間主義である。最近「話し合い」とか「対話」ということが強調されるが、ヤスパースの目からすれば、互いに対等の立場にたった人間相互の交わりを信頼し、それを基礎として共通の真理を求めていく姿勢がないかぎりは、話し合いはいつわりの妥協にすぎず、対話は互いに自分の主張をおおむのようにくり返すおしゃべりでしかないのである。

では、哲学的な生活態度は、将来になにかある目標を定めて、それを求めるといった生活態度であろうか。そうではない。実存からの哲学的生活態度において重視されるのは、未来でも過去でもなくて、常に現在であり、自分がおかれている「いま＝ここ」の状況である。いま＝ここで自分が何をなすべきか、その決断がまさに実存をして実存たらしめるのである。そうだとすれば、実存はそのつどの決断において充実し、完結した存在であるともいえる。将来に何かを賭けて生きる人間が常に現在の自分に不満をいだくのに対し、実存する人間は現在が常に永遠につながることを知り、いま＝ここの決断において自己が真に人間として存在することを確認する。総括すれば、理性的な内省と実存的な決断とによる生活、それがヤスパースのすすめる哲学的な生活態度なのである。

ヤスパースの歴史観

歴史の起源と目標

歴史に対する態度　第二次世界大戦後にヤスパースが公にした書物のなかに、『歴史の起源と目標』という書物がある。この書物はヤスパースの著作群のなかで一種特異な地位を占めているが、それはヤスパースがこの書物のなかで世界史の過程についてきわめて大胆《だいたん》な見解を述べ、あわせて歴史の将来と歴史の意味について語っているからである。つまりこの書物は哲学書というよりは歴史学書であり、ヤスパースの歴史観を知るうえで重要な書物であって、それだけに哲学者のみならず歴史家や一般の知識人にも大きな話題を提供した書物なのである。そこでこの章では、この書物を中心に、ヤスパースの歴史観をたずねてみよう。

だがそのまえに、一つ問題がある。もともと哲学者であるヤスパースが、なぜ世界史の概観を思いたったのであろうか。この試みはヤスパースの哲学とどのような関連性をもつのであろうか。

ヤスパースはまず、「世界史の概観がわれわれ自身の時代を決定的に意識するための条件である」と考えた。われわれがいま生きているこの現代が真実どのような時代であるかを十分理解するためには、世界史全体のこれまでの動きを考え、そのなかで現代がどのような場所を占めているかを知らなければならない。すでに『現代の精神的状況』で現代の歴史的諸相にスポットをあてていたヤスパースであったが、その時にはまだ暗黒の部分に取り残されていた歴史の過去の歩みを照らし出し、全体の照明のなかで改めて現代の意義を確認しようというのが、『歴史の起源と目標』の一つのねらいなのである。

歴史意識の二面性　そこでわれわれの歴史意識が問題になるが、ヤスパースによると、それは本来二つの対立した態度を含む緊張状態のうちにあるものとして考えられる。われわれは一方では歴史を全体として客観化し、歴史をわれわれにむかいあっているものとしてながめるが、他方ではわれわれは歴史を主体的に、われわれ自身が生きている現在として体験する。つまり私に対する他者としての歴史の客観性と、私自身がそれであるいまの主体性とは、歴史意識のうちにあってたえず対立しあうが、しかし、この両者の緊張関係が失われると、歴史意識そのものも弛緩《しかん》し、その場合には歴史はわれわれにとってどうでもよい空虚な知識のよせあつめになるか、それとも全く忘却されてしまうか、そのどちらかになってしまう。人間は、とらわれた解釈で歴史の広がりを狭めることのないような公明な態度と、現在の生起と自分自身とを同一化する態度との緊張のなかで、つまり全体としての歴史の理性的な認知と、現在の根源から実存的に生きることとの緊張のなかで、自己の本来的な歴史性を自覚することができるのである。

歴史のなかでの決断

あるいはまた、ヤスパースはこうもいっている。過去の歴史についての普遍的歴史像と現代の状況意識とは、相互依存的な関係にある。私が過去全体をどのようにみるかということと、私が現在のできごとをどのように経験するかということは、互いに関連しあっている。現在のできごとへの私の参与は、それゆえ、私が過去の事柄のうちにいっそう深い根拠を見いだすにつれていっそう本質的なものになるのである。ヤスパースがその哲学のうちで「いま＝ここ」での実存の決断を強調していたことについては、すでに触れた。永遠なるものは、時間のうちでの決断においてのみ輝きでる。しかし、もしこの「いま＝ここ」が、過去の回想も未来への展望をも含まない単なる現在時点として、つまり歴史的内実をもたない時間の一切片として理解されるにすぎないなら、そこでの決断もまた歴史性を欠いた浮動的なものであろう。なるほど実存によって充実される「いま＝ここ」の謎《なぞ》は、歴史意識だけによって解き明かされることはできないが、しかし、すくなくとも歴史意識を媒介とすることによっていっそう深められることができる。「いまの深みは、ただ過去と未来が一体となり、過去の回想と私がそれをめざして生きる理念とが一体になることによって、はじめて明らかになる」のである。

歴史観と世界史

それでは、ヤスパースは、過去の世界史の過程を、どのような視点からとらえようとするのであろうか。歴史に直面する者は、意識的にであれ、無意識的にであれ、過去の歴史を全体として統一的に理解しようとする。いいかえれば、一つの歴史観をもって過去の歴史をみているのであって、そこにさまざまな世界史像が成立する。たとえば、一九世紀の代表的な歴史学者レオポルド＝フォン＝ランケ（一七九五〜一八八六）によると、世界史とはとりもなおさず西洋の歴史であって、エジプトとメソポタミアを前段階とし、ギリシアとパレスチナを始元として現代西洋にいたるのが世界史の過程であって、それ以外のものは民族学の領域に属し、真の歴史のわく外にある。だがこれに対して、人間の歴史は時間的にも空間的にも全地球をおおうものであり、したがって世界史は空間の区分に基づいて地理的に配列されるべきだというヘルモルトのような考えもある。また、オスワルト＝シュペングラーやアーノルド＝トインビーは、それぞれ八個と二一個の独立した歴史文化体とでもいうべきものを考え、世界史全体をそれら文化体の謎に満ちた生滅の過程として追跡しようとする。では、ヤスパースの歴史観はどのようなものであろうか。

ヤスパースの歴史観

ヤスパースによると、かれの歴史観は、人類は一つの起源と一つの目標をもつという根本的信仰にささえられている。とはいえ、この起源と目標は、知識によって確定的に知られるといったものではなく、ただばく然とした多義的な象徴によって感得されるにすぎない。歴史のうちに生きる人間は、この起源と目標との間のいわば過渡的存在である。一体人間はどこから来てどこへ行くのであろうか。この両端は暗黒のうちに消えていて、さだかに見通すことはできない。そこでヤスパースは、実証的研究の方途によってではなく、一つの哲学的な自覚を通じて、この人類の起源と目標に近づこうと試みるのである。

人類の歴史を一つの起源と一つの目標との間の存在とみるヤスパースの歴史観は、アダムを人類の始祖とし、終末の完結をまって永遠の霊の国で人類があいまみえるといった、キリスト教の終末史観を想像させるであろう。事実また、ヤスパースも、自分の歴史観を語る際に、キリスト教のこの歴史観に触れているのである。だがしかし、ヤスパースによると、そこで語られているアダムとか霊の国とかは、どこまでも象徴であって現実ではない。つまりキリスト教の終末史観は、人類が一つの起源と一つの目標をもつということの一象徴的表現ではありえても、現実の歴史過程そのものの写しでもなければ、ましてやそれが世界史の唯一の写しであるわけでもない。ヤスパースは、キリスト教での啓示を超越者の一暗号形態とみたが、それと同じように、キリスト教の終末史観をも歴史そのもののあり方を告げる一つの暗号形態として理解するのである。そこで次に、ヤスパースがこのような歴史観に基づいて、世界史の過程を具体的にどのような構造をもつものとしてとらえているかをみることにしよう。ヤスパースの歴史観の真の意義も、そこで初めて明らかになるにちがいない。

世界史の構造

世界史の基軸の問題

キリスト教信仰を身につけた西洋人は、その終末史観を信じないにしても、知らず知らずのうちにキリスト教中心に歴史をながめるといった習慣になじんでいる。現に西洋紀元は、イエスが生まれた年を（これは歴史学的には不正確とされているが）紀元元年と定め、そこに歴史の基軸をおいているのである。だがもともとキリスト教信仰は一つの信仰形態であって、人類全体の信仰ではない。そうだとすれば、そして、それとは別に世界史の基軸になる時代があるとすれば、それはキリスト教徒だけではなく、世界のすべての人間が共通に基軸として認めることができるような時代でなければならない。そうした基軸はまた、およそ今日人間が人間でありうるところのものが形成された時代であり、しかもそれが最も実り豊かな形で実現された時代であって、西洋と東洋の区別なく、すべての人間がそこに自分の精神的な故郷を見いだすような時代であろう。だがそうした時代が単に理念としてではなく、現実に存在したとするならば、それは世界史のどの時期に求められるであろうか。

ちなみに、ここで「基軸」というのは、ドイツ語では「アクセ」で、もともと「車軸」を意味する。ヤスパースは東西の世界史を横に貫く基本軸を求めているのである。

世界史の基軸時代

ヤスパースは、その時代を、前後にそれぞれ三〇〇年ほどの幅をもつ西暦紀元前五〇〇年ごろに見定め、それを「基軸時代」と名づけた。この時代には、精神史上からいって実に驚異的な事柄が集中的に生起した。中国では孔子と老子が生まれ、また墨子《ぼくし》や荘子や列子や、そのほか数多くの思想家が輩出した。インドではウパニシャッドが生じ、またブッダが生まれ、さまざまな哲学的思想が展開された。イランではゾロアスターが善と悪の闘争を説き、パレスチナではエリヤからイザヤおよびエレミヤを経て第二イザヤにいたる予言者たちが活動した。ギリシアはホメロスの二大叙事詩やパルメニデス・ヘラクレイトス・プラトンといった哲学者をうみ、さらに悲劇詩人ソフォクレスや歴史家トゥキディデスをうんだ。こうしてみると、この数世紀は実におそるべき偉大な時代であったといえる。しかも中国とインドと西洋では、お互いに他を知り合うこともなかったわけで、それだけにこの時代が世界史に対してもつその基軸的性格がいっそう深く印象づけられるのである。

この基軸時代にギリシアや中国やインドでうみ出された人間の基本的な思考形式は今日なお生き続け、われわれがものを考える場合の基礎になっている。また、この時代には後のキリスト教や仏教といった世界宗教の萌芽《ほうが》が見いだされるが、人間はこれらの世界宗教にたよって今日にいたったのである。基軸時

孔子

代の成立とともに、人間が神話の世界に埋没して生きていた時代は終わりを告げ、神話に対する人間理性の闘いが、また神話のなかの威力はあるが非真実な神々に対する人間の倫理的反抗がはじまった。ひと言でいえば、人間は基軸時代に「精神化」という形で全面的に変革され、そのことに人間が人間である所以《ゆえん》を見いだしたのである。もっとも、この変革を当時において完全に自覚したのがごく少数の人物であったことも認めなければならない。かれらによって示された人間の思考と実践の最高度の可能性は、大多数のものによって無視され、万人の共有財産にまではならなかった。だが、逆にそれだからこそ後世の心あるひとびとはたえずこの基軸時代になされた精神的創造に思いをはせ、そこへと還帰し、それによって新たな情熱をふるいたたせるのである。基軸時代は、その意味で、人間の精神的故郷であり、精神的人間の故郷である。後に西洋で生じたルネサンスは、この基軸時代の精神の「再生」であって、その限りではルネサンスを第二の基軸時代と呼んでもよいが、しかしそれは、その規模からいっても、第一の基軸時代にははるかに及ばない。ルネサンスは現代の西洋に直結する歴史的基盤として、さまざまな忌《いま》わしい歪《ゆが》みや倒錯の源泉ともなったのであり、そこには基軸時代の精神の全き純粋性や根源性は見いだされないのである。

基軸時代設定の意義

ところで、ヤスパースによると、紀元前五〇〇年を中心とするこの基軸時代の存在は、一九世紀後半以来話題にはされても本格的に論じられたことはなかった。世界的に時を同じくして生じたこの文化的平行現象を全体として問題にし、なぜこのような時代が生じたかという謎を歴史学的に解明しようとした者はいなかったのである。いな、それどころかむしろ逆に、本職の歴史家は、この基軸時代といった考えを素人《しろうと》の思いつきにすぎないとして、無視するか否認するであろう。実証精神を重んずる歴史家は、基軸時代のもつ洋の東西にわたっての共通現象は見かけにすぎないとか、基軸時代は今日からの一つの価値判断の産物であって事実的には存在しないとか、互いに交流のない平行関係はなんら共通の歴史に属するものではないとか、そうしたさまざまな異議を唱えるに違いない。ヤスパースはこうした異議を予測して、そのひとつひとつについて反駁《はんばく》を試みているが、しかしそれはここで紹介する必要はないであろう。世界的に生じた平行現象の謎は、それが実証的な歴史研究によって解明できない性質のものであるからこそ謎なのである。とはいえ、ヤスパースがそこに基軸時代という歴史的時代を大胆に設定したのは、その時代が単に人間の精神史上特筆すべき一時代であるという理由だけからではなく、この時代を基軸としてその前後にわたる人類全体の世界史を解明しようと意図するからなのである。

世界史の四段階

それでは、ヤスパースは世界史全体の構造をどのように考えるのであろうか。ヤスパースの構想を簡単に図式化していえば、人類は世界史の過程において四たび新しい基盤から出発することになる。第一の出発は、先史時代における言語や道具や火の使用のはじまりで、これによって人間は他の動物と違った人間独自の生活形式を獲得した。第二の出発は、メソポタミア・エジプト・インダス・黄河を中心とする古代高度文化の創始であり、第三の出発が先に述べた基軸時代からの出発である。

そして第四の出発は、われわれが今日経験している科学的技術的時代からの出発であって、人類はこの新たなプロメテウスの時代で、いわば第二の呼吸を始め、かつての古代高度文化の組織化と計画化に似た事態を経て、はるか未来の、基軸時代に似た人類の精神的創造の時代にむかうものと想定されるのである。

先史時代

歴史は文字による記録が伝承されている限りでの過去に及ぶ。そうだとすれば、それは紀元前約三〇〇〇年以来のことで、つまり歴史は今日まで約五〇〇〇年を経過したことになる。だが人類の発生はそれに先だつはるか昔のことで、人骨の化石は数十万年以前にすでに人類が地球上に存在していたことを告げている。人類は数十万年にわたる先史時代を経て、ようやく五〇〇〇年の歴史をもつのであるが、この先史時代における人間の発展は人間存在の広義での自然的基質構造の生成であり、歴史のうちでの発展は獲得された精神的技術的内実の展開である。先史と歴史はこのようにして人間存在の二つの基礎をつくりだしたが、その期間の長短からもわかるように、第二の歴史的に形成された人間性は、第一の先史的な人間天性を基底層としてそれをおおう薄い表皮のようなものである。人間はこの表皮を脱ぐことはできても——あるいは脱がされることがあっても——先史時代に由来する人間天性を棄《す》てさることはできない。歴史が崩壊《ほうかい》すれば、人間は先史での人間にもどるであろう。いな、現代に生きるわれわれが石器時代の人間にもどるのではないかという不安にときどき駆《か》られるのは、われわれ自身がその基底において先史時代の人間として生きているからなのである。

人類の起源

では、この先史時代の発端において、人間は一元的な起源から生じたのであろうか、それとも多元的に発生したのであろうか。人類は全体として一つの同族なのであろうか、それともいわば独立したいくつかの家族の集まりなのであろうか。ヤスパースによると、一元的発生説に有利で多元的発生説に不利な事実がいくつもある。たとえば、あれほど広大なアメリカに古い人骨が発掘されないこと、またあらゆる人種が相互の混血においても依然として生殖能力をそなえた人間を生むこと、最高等の動物をとっても、人間を動物から引き離している距離は人種間のもっとも隔った距離よりも問題にならないほど大きいこと、これらはいずれも一元発生説に有利な事実といえよう。とはいえ、われわれは、人類の起源が一元であるか多元であるかを経験的に立証して真偽を定めることはできない。それよりむしろ重視しなければならないのは、人間相互のつながりは馬は馬ずれといった動物学的形態の相同性によるのではなく、人間が相互に他を理解しあえるという事実、つまり人間が意識や思考や精神であるという事実のゆえに成立する、ということである。ここに人間同志の最も内密な親近性があり、他方人間を人間に最も近い動物から区別する断絶性がある。人間の起源が一元的か多元的かは科学的には確証されない。だがしかし、人間は歴史のうちで人間すべてが一つの同じものに属するという同族性の信仰を獲得した。そしてこの信仰とともに、現実にも人類の統一を実現しようという意欲がうまれるのである。つまりこういってよいであろう。ヤスパースは人類が一つの起源から生じたという信仰に基づいて人類の先史をながめているのであって、その信仰はまた、人類が将来一つの目標において統合しうるという信仰でもあるのである。

古代高度文化

人間は古代高度文化の成立とともに、その長い沈黙の先史時代を閉じた。人間は文字で書かれた記録を通じて語りあう。またわれわれがかれらの文字を解読することによって、かれらはわれわれにも語りかけてくる。ナイル・チグリス－ユーフラテス・黄河の流域では治水と灌漑《かんがい》の組織化が中央集権化された国家をうみ、それらは後には一連の世界帝国にまで発展した。また共通の言語や文化や神話によって一体の自覚をもった民族が発生し、馬が戦車馬や騎乗馬として登場した。こうしたできごとが人間に歴史をひらいたが、それとともに人間は内面的にも変化し、固定した先史的状態から解放された。その解放は、意識や記憶、精神的に獲得されたものの伝承による、単なる現存在の状態からの解放であり、合理化と技術による、その場限りの生存から将来の備えと保証のある生活への解放であり、支配者や賢者を鏡とする、愚昧《ぐまい》な自意識や魔神の恐怖からの解放であった。いわゆる自然民族として今日にいたっている諸民族は、古代高度文化に全く参与しなかった諸民族であり、またメキシコやペルーのアメリカ原住民もそうで、かれらは時代的にはるか後になって初めて古代高度文明に似た文明（マヤ・インカ文明）をつくりだしたのである。

エジプトのピラミッド

とはいえ、ヤスパースによると、これら古代の高度文化には、後の基軸時代におけるような人間の精神革命がまだ見いだされない。いな、むしろ大規模な組織化は、すぐれた文明をそなえながらも無自覚的に生きる人間をうみ出した。「とりわけて技術的な合理化は本来の反省を欠いた無自覚性に対応する」のである。古代高度文化には、真に歴史的な動きが欠けていた。目だった最初の創造があって後、基軸時代にいたる数千年の年月は、精神的にはほとんど動きがなく、歴史的な大事件によって中断された文化の再興が不断にくり返されるだけであった。エジプトなどはそのよい例であろう。その間、確かにさまざまなできごとはあったが、しかし、それらのできごとは人間存在を精神的歴史的に決定づけたものではなかったのである。

ヤスパースが古代高度文化をこのように特徴づけるとき、そこにはまたおそらく現代の第二の技術的時代がそのまま成長し続けるときに生ずる歴史の未来の姿がうつされているのであろう。

現代の大規模な技術化と組織化は、古代高度文化の場合と同様に、人間精神とそれによって営まれる歴史の停滞化を招きかねないのである。

インカ文明の廃虚

基軸時代後の進展　こうしてヤスパースの場合、人間精神の真の発現は基軸時代のこととされるが、ところでこの基軸時代はまた、さまざまな民族がその後の世界史においてどのような歴史的意義をもつかを明らかにする尺度とも考えられる。基軸時代に実際に人間精神の創造に参与した民族、つまり基軸民族は、中国・インド・イラン・ユダヤ・ギリシアの諸民族であった。だがこれに対して、かつて古代高度文化をきずきながらも基軸時代の精神創造を成し遂げなかった民族もある。たとえばエジプトやバビロニアの民族がそうで、ヤスパースはそうした理由から中国・インドをエジプト・バビロニアからはっきり区別する。前者はその文化が今日まで連続しているという理由だけからではなく、基軸時代の創造に参与したという理由で後者から区別され、イラン・ユダヤ・ギリシアの諸民族による創造をひき継いだ西洋と並びたつものとみなされるのである。

西洋では、基軸時代開始後約一〇〇〇年ののち東・西ローマ帝国の分裂をみ、西ローマでは五〇〇年の空白時代の後に、ゲルマン-ローマ諸民族による新しい西洋の歴史が始まって今日にいたる。また東ローマを含む東洋との近接地域ではスラブ民族によってビザンツ文化が、アラブ民族によってイスラム文化がひらかれた。これらの諸民族は基軸民族ではないが、基軸時代の精神創造をひき継いだ諸民族であって、東洋では日本人・マライ人・タイ人などがそれに当たる。これら諸民族は、伝来した基軸時代の文化と対決しつつ、しかもそれを同化しつつくり変えることによって、それぞれ独自に新しい文化をきずきあげたのである。基軸時代が存在しなかったら、これらの民族のその後の運命も異なっていたであろう。

東洋の停滞と西洋の発展

では、同じ基軸時代を経ながらも、その後西洋の諸文化のみが連続的発展を遂げ、中国やインドでは文化の停滞が、というよりはむしろ後退が生じたのはなぜであろうか。ヤスパースの考えによると、西洋はギリシアの昔から西洋と東洋との対立を含んだままその発展途上を歩んできた。西洋ではヘロドトス以来、西洋と東洋の対立は夕べの国と朝の国の永遠の対立として意識されてきたが、この対立意識こそが西洋文化を促進する原動力となってきたのである。つまり、西洋はたえず東洋を顧慮し、東洋と対決し、東洋から受け入れるものは受け入れてそれを同化しながら進展した。ギリシア人とペルシア人、東・西二つのローマ帝国、東・西二つのキリスト教、西洋とイスラム、ヨーロッパとアジア、西洋はいつでもこうした対立の中で成長してきたのである。だがこれに対して、東洋は西洋との対立を意識せず、西洋の異質的文化と積極的に対決しようとしなかった。精神はそれが対立において自己を意識し、闘争において自己を見いだすとき、初めて生きたものとなり、実り豊かなものとなる。西洋は母胎であった東洋と対決するたびに新たなエネルギーを獲得し、精神を若返らせてきたが、東洋は離れていった西洋と対決しないままその精神を老化させたのである。

だがそれにもかかわらず、中国とインドは、一四、一五世紀ころまではその全体的な生活水準からいっても、西洋と同程度の文明をもち続けてきた。東洋の停滞が目にみえて明らかになったのは、それから後の数世紀である。一八世紀以降、西洋の歴史学者の多くが東洋には歴史がないと主張したのは、西洋中心的な偏見ではあるが、しかし、それには理由がなくもなかった。かれらは当時の沈滞した東洋のありさまにだけ注目し、そこに古代と変わることのないアジア文化の停滞性をみたのである。とはいえ、逆に、二〇世紀のある西洋の歴史家のように、西洋は没落しつつあるとして、それと対照的に東洋の将来性を強調するのも誤りである。こうした見方も、実は一八世紀の歴史家の見方を裏返しただけで、歴史は西洋にしかなかったし、東洋には歴史もなかったから没落もない、という見方であろう。ヤスパースは、インドも中国も基軸時代に参与したとみることによって、従来の西洋対東洋の誤った固定観念を打破し、そこから将来の真に世界的な——西洋と東洋を包括した——人類の統一の基盤を求めようとしているのである。

西欧の科学と技術

ところで、アジアが停滞しはじめたその時期に、西洋では全く新しい、東洋の文化圏では生じなかったできごとが生じた。技術への応用においてさまざまな成果をもたらすようになった科学の成立である。科学は歴史が始まって以来、他のいかなるできごともなしえなかったほど、世界を内的にも外的にも変革した。科学は人間にそれまで与えられていなかった多くの好機を与えたが、同時にまたかずかずの危険をももたらした。こうした科学の功罪は、一九世紀以降われわれが生きている技術の時代に明らかになり、しかもごく最近の数十年においていっそう明白になったのである。

この科学と技術の起源は、西洋のなかでも特に西欧に、つまりゲルマン-ローマ諸民族に帰着する。これら諸民族は科学と技術をもって歴史を画する断層をつくり出したのであり、それとともに全地球をおおう人類史を開始した。科学と技術は、今日ではもはや西欧だけのものではなく、世界的な全人類のものとなっている。したがってまた、こうもいえるであろう。西洋の科学と技術を同化し、これと同時に、人間にとって有用な西洋の知識と技術に伴う幾多の危険をもひき受ける民族のみが、これから先の人間の運命の決定に積極的な役割を果たすことができるのである。科学と技術を単に否定するだけでは、新しい前進は期待できない。技術が人間の将来にとって危険であればあるほど、その意義を熟慮し、それを根本から規制する英知が必要となる。科学と技術を無視したり、あるいはそれらから逃避したりしているのでは、人類の統一は望めないであろう。人類の将来を考えるならば、われわれはいやでもそれらに対決しなければならないし、またそれらをささえている西欧の基本的な精神とも対決しなければならないのである。

人類全体の時代

だが世界史は刻々と動いている。西欧は確かに一時期には世界の中心であった。一九世紀前半の哲学者ヘーゲルは、自信をもって語った。「世界は船で一周された。それはヨーロッパ人にとっては一つの球体である。ヨーロッパ人にとってまだ支配されていないものは、支配に価しないものか、それともまだ支配される運命にないのか、そのどちらかである。」しかし西欧が世界支配の中心であった時代は、一九世紀末に一段落を迎えた。西欧はいま、アメリカとロシア（ソ連）にはさまれて、もはや往時の世界支配者ではなくなっている。確かに西欧の精神はアメリカにもロシアにも浸透しているが、しかし両者は西欧ではない。ヤスパースによると、アメリカ人は西欧から出ながらも新たな自己意識をもち、まだ見いだされてはいないが新たな根源を主張している。ロシア人は西洋と東洋にまたがる諸民族の混

ヤスパースによる世界史の図式

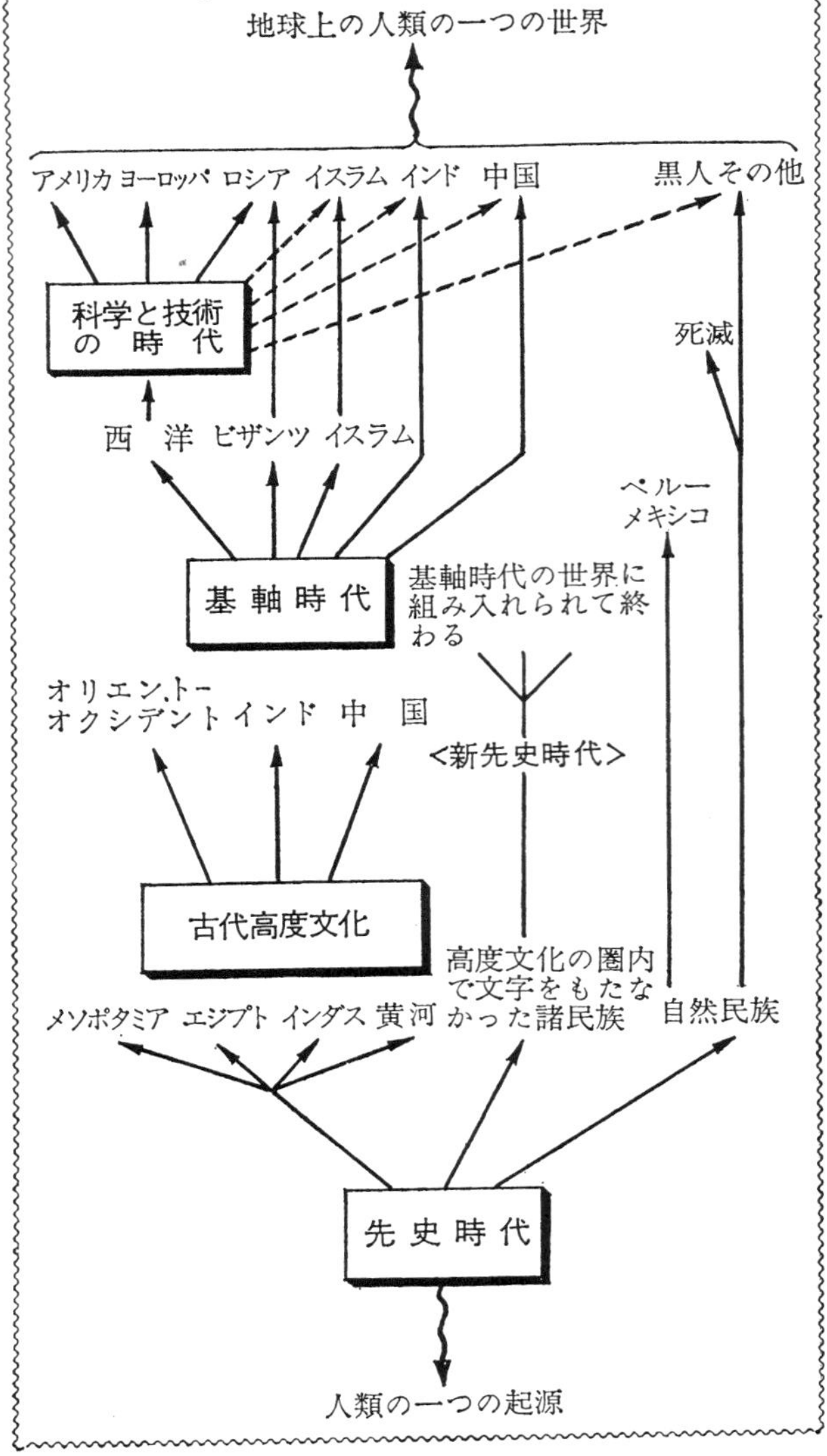
地球上の人類の一つの世界
アメリカ
ヨーロッパ
ロシア
イスラム
インド
中国
黒人その他
科学と技術の時代
死滅
西洋
ビザンツ
イスラム
ペルー
メキシコ
基軸時代
基軸時代の世界に組み入れられて終わる
オリエント-オクシデント
インド
中国
<新先史時代>
古代高度文化
高度文化の圏内で文字をもたなかった諸民族
自然民族
メソポタミア
エジプト
インダス
黄河
先史時代
人類の一つの起源

合であり、歴史的には東洋に自己の基礎をもち、精神的にはビザンツによっている。中国やインドもまた、現在ではともかくとして、将来の世界史において重要な役割を果たすであろう。そうしてみると、地球全体の規模での世界史は、いまようやく始まったのである。これから先の歴史の担《にな》い手は、もはやある特定の民族ではなく、全人類であることになろう。人間は長い先史の時代と並行したいくつもの歴史を経た後、二〇世紀の今日になって初めて一つの歴史をもつことになった。人類の将来は、今後この一つの歴史がどのような方向に進むかによって決定される。そしてそれだけに、この歴史に対するわれわれひとりびとりの参与のしかたが、人間全体にとって重要な意義をもつことになるのである。

現代——科学と技術の時代

近代科学の成立とその特徴　現代は科学と技術の時代であり、しかもそれらは西欧から生じきたったのだ、というのがヤスパースの見解であった。それでは、近代科学はなぜ西欧にのみ生じたのであろうか。また、それはいかなる精神にささえられているのであろうか。

およそ科学には、それが科学である限り欠くことができない三つの特徴がある。すなわち科学は、第一に方法的認識であり、第二に強制的に確実であり、第三に普遍妥当的である。だがしかし、こうした規準に適合する科学は、たとえ純粋な形では現在なおできあがっていないにしても、すでにギリシアの諸科学のうちにも存していた。これに対して、特に近代科学にのみ特徴的な性格をあげるとすれば、次のようになる。近代科学は、その精神において普遍的であり、ありとあらゆるものをその対象とする。近代科学はまた原則的に未完結であり、そこから無限の前進を試みる（ギリシア人は無限に前進する科学というものを知らなかった）。近代科学は、無関心ということを知らない、具体的認識の形で徹底性を追求する。すべてこうした性格が合一して、近代のいわゆる科学的態度がうまれたのである。科学的態度とは、いっさいの事柄を包括的理性に基づいて問い、探究し、吟味し、熟慮するといった態度で、それは同時に、独断や盲信やセクトから常に自分を解き放しておく態度である。そうだとすれば、真に科学的な態度は、人間が人間であるにふさわしい品位の一要素ともいえるのである。

近代科学成立の理由

ところでこうした近代科学が西欧に生じたのはなぜであろうか。その根本理由は、歴史のなかでのあらゆる精神的創造の場合と同様に、歴史の秘密に属する事柄かもしれない。だがおそらく多くの条件が西欧のある時期にからみあって一回限りのもつれを形成し、それが新しい科学を世界にもたらしたのであろう。たとえば、国家や都市の自由とか、貴族や市民の余裕とか、西欧内部での国家分裂と角逐《かくちく》とか、十字軍以来の異文化との接触とか、国家と教会の精神的闘争とか、印刷技術を介しての意見の交換とかが、近代科学成立の社会的諸条件として考えられるのである。

だがまた、こうした諸条件を枚挙するのとは別に、近代科学は端的にいって人間の権力意志からうまれたものである、という見方がある。科学による自然の支配と利用、ベーコンの「知は力なり」といったことばが、この見方を正当づける理由としてあげられるのであるが、しかしヤスパースによると、このような見方はきわめて一面的な見方である。偉大な科学者の精神的態度を観察すればただちに明らかなように、かれらの知への意志はむしろ自然への順応と服従に基づいているのであって、自然に対する攻撃性や権力意志とは無縁といわなければならない。科学者が自然をながめる際にとる自由な精神態度は、支配を目的とした権力意志ではなく、むしろ人間の内面的独立性のあらわれである。そして科学者のこの精神的自由こそが、事実をゆがめることなく純粋に事実として把握するための、つまり真正な科学的認識のための必須条件なのである。

ベーコン

近代科学とキリスト教精神

そこでヤスパースは、権力意志説にかわって近代科学発生の精神的基盤をキリスト教に求めようとする。キリスト教の基本精神は、何にもまして誠実さを要求する。われわれがもし、われわれの知的努力を遊びとか暇つぶしにすぎないと考えるならば、それは誠実さに反することであろう。科学者の徹底した真摯《しんし》な自然探究の態度には、およそ遊びとか暇つぶしからは縁遠い、神の召命に従ってでもいるような真剣さがみいだされる。また、近代科学はおよそありとあらゆるものを研究の対象とするが、これは宇宙を完成された、合理的な・恒存的なものとして認識しようとするギリシア人の姿勢からはでてこない。これはむしろキリスト教的な、つまり世界が神の被造物であり、その限りではおよそ存在するいっさいは知るに価し、ギリシア人が無視したごくささいなものでも——それが神によって創造された限りでは——知る必要がある、といった精神である。科学者はいわば神の創造を後から追想するという形で認識をおしすすめているのである。しかもその際、真正な科学者ならば、科学的認識には限界がないことを知っているであろう。世界は決して完結した全体としてとらえられることはない——それはあたかも、人間が神の全知に達しえないかのようである。また、神を求めることが自己の幻想を断ち切ることにあるように、本当に科学的な探究意志は、自己の希望や期待との闘争である。科学的研究者は自分自身がたてた学説にすら戦いをいどみ、そのためにあえて自己の学説に対する反対者を、しかもそれに最も鋭く対立する敵対者を、求めるのである。

マックス＝ウェーバーは、資本主義の成立をキリスト教精神から説明したが、ヤスパースはこのように近代科学の成立をキリスト教精神から説明する。近代科学をうんだ西欧は、キリスト教精神が純粋にその精神性において伝えられた唯一《ゆいいつ》の文化圏で、ビザンツのキリスト教は他の教義宗教の場合と同じように、祭政国家の体制に組み込まれた。西欧では教会は国家やその他の世俗権力に対する自由の動因となったのであり、キリスト教はここでは教会の敵にすらも自由の意識をうえつけ、それをはぐくんできたのである。近代科学はキリスト教に養われた人間の自由な精神と誠実な知的態度からうまれた。もし人間がこうした精神や態度を失うならば、近代科学もまた変質せざるをえないであろう。

近代科学の変質と逸脱

近代科学の変質は、ところで、とっくに始まっている。科学は今日では単に西欧だけのものではなく、全世界のものとなった。だがしかし、「本来の科学性、普遍的な認識態度、確実な方法的批判、純粋な探究的認識は、今日の世界にあっては転倒した諸形態のもつれのなかでようやく一本の細い筋をなしているにすぎない。」科学的時代ともよばれるように、現代では科学は途方もない威信を受けているが、しかし大多数の人間は科学の本質を見抜いていない。そこから、すべては科学的に解決されるという科学的迷信が生じ、それに続く幻滅が科学の蔑視をうんだりする。しかし、この二つの態度はいずれも科学の誤解に基づいているのである。

誤解は次のようである。確かにわれわれは科学的研究に際して、世界が認識可能であるという前提を設けるが、この前提は二通りの意味に理解される。第一には、それは世界の中での諸対象が認識可能であるという意味に、第二には世界が全体として認識可能であるという意味に理解されるが、この場合第一の理解は正当であり、第二の理解は正当でない。科学的認識は、その本性上、限界というものがなく、どこまでも無限に進展する。だが世界が全体として科学的に認識可能であるという誤った解釈が支配的になった結果、この世界をそうした全体知に基づいてひたすら科学的合理的に処理していこうという意志が生じたのである。近代技術はこの傾向をいっそう促進させる力となった。

技術の本質とその逸脱

現代は科学の時代であるとともに、技術の時代である。ところで技術とは、もともと「科学的人間による自然支配の営み」であって、それは人間の現存在を窮乏状態から救い、現存在に適合した環境世界を獲得することを目的とする。しかしまた、人間の技術的な行為が人間に逆作用を及ぼし、その技術的な労働方式・労働機構・環境形成が人間自身を変化させるということも事実である。そして一八世紀後半以降急速に発達した近代技術が初めてこの事実を人間の運命としてあらわにしたのであり、カール＝マルクスがそれを最初に、しかも大規模な形で認識したのである。

道具の発明から一八世紀前半にいたる長期の比較的緩慢な変革と違って、近代技術は人間の環境世界内での日常生活を徹底的に変革し、労働方式や社会をいやおうなしに新しい軌道へと引き込んだ。大量生産方式や社会生活の技術的機械化に伴って、地球は一つの工場に化し、それと同時に人間各自の生活地盤からの遊離が始まった。人間は伝統のつながりを失い、故郷をもたない地上の住人となった。人間は今日、正しい生活形式を見いだすことが不可能な状態のうちで生きている。個人を支配しているのは、自分自身についての深刻な不満か、それとも自己忘却的な自己放棄かである。後者の道を選んだ人間はあえて自分を非人格化し、機械の歯車になって、没個性的な無思慮な生活に没頭するが、自己に不満を抱く人間の多くも自分自身に対して欺瞞《ぎまん》的となり、仮面をつけて生きる生き方を選んでいるのである。

もう一度技術の本質について考えてみよう。技術は自然を支配する力であるが、この力は人間の目的にとってのみ有意義である。つまりそれは、われわれの生活を容易にし、生存するための日常の労働を軽減して、余裕を与えるという点で、ひと言でいえば、人間を自然の束縛から自由にするという点で、有意義である。技術はさまざまな脅威に満ちた自然に動物のように拘束されている状態から人間を解放するとともに、他方では積極的に人間に固有な環境の形成を促進する。人間は動物とは違って人間自身によってつくられた環境世界のうちに生き、しかもこの環境世界を拡大しながら自己の実在を高めていくのである。だがもし技術において、道具や行為の手段性がそれだけで独立なものとされたり、本来の目的が忘れられて手段そのものが目的として絶対化されたりするならば、それは技術の逸脱であろう。そして現代ではこうした技術の逸脱がいたるところに生じているのである。

労働の変革と機械化

ところで近代における技術の根本的変革は、労働の根本的変革をもたらした。すでにヘーゲルは、道具から機械への飛躍が労働にどのような変化をもたらしたかについて語っている。「人間は自然を機械に加工させることによって、人間の労働の必要性を廃棄するのではない。……人間は労働を自然から遠ざけ、生きた自然としての自然に生き生きと立ち向かうことをしない。……人間に残された労働はそれ自体ますます機械的となり、労働がますます機械的になると労働の価値はますます減少し、しかも人間はこうした機械的な仕方で一層《いっそう》働かなければならない。」「労働はますます生気を失い……個人の熟練は限りなく狭められ、工場労働者の意識は最底の無気力さにまで引き下げられる。」ヤスパースによると、労働が機械に、さらにそれ自体が一種の機械である労働組織に、二重に依存させられる結果、人間自身がいわば機械の一部分になってしまう。ごく例外的な少数の創造的発明者を除いて、ほとんどすべての労働者は機械の部分にくり込まれ、自らの個性を失い、大衆の一員となっていくのである。

大衆の発生

人間が自らに固有の世界をもたず、由来《ゆらい》も地盤もなくて意のままに動かされ、だれとでも取り替えられるようになると、そこに大衆が発生する。大衆は自分自身を意識せず、一様にして量的であり、伝統をもたず、そうした点で民族や公衆のあり方とは違った人間の一集団化現象である。大衆は容易に宣伝にのり、暗示にかけられる。しかも現代ではこうした大衆が歴史の決定的因子となっており、大衆によって受け入れられたものだけが歴史に登録されるのである。大衆が好むのは単純化であり、さまざまな標語や、いっさいを解明する（と称する）普遍的理論や、またそれに対する粗雑な反駁《はんばく》などが成功を博している。すべては、あれかこれかといった単純な二者択一によって決められ、しかも大衆はそうした単純なものの考え方を科学的であるとすら思いこんでいるのである。

現代の総括

さて、以上すべてから結論的にいえば、現代は科学の時代であり、技術の時代であり、大衆の時代であり、単純化の時代である。現代は地球上の全人類が初めて一つの歴史に統合された画期的な時代であるが、しかしそれにしても、かつての基軸時代のような精神的創造の時代ではない。技術的な現代に似かよった時代を過去に求めるとすれば、それはむしろ先史における道具や武器の発明時代であろう。人間は現代を基点として、いわば第二の新たな歩みを開始したのである。だがこの第二の歩みが第一の歩みと同じ過程をたどり、人間が将来ふたたび第二の基軸時代を迎えるというふうに、予断することはできない。われわれはむしろ人間の精神的下降と絶滅に、しかもごく近い将来に、行きつくかもしれないのである。とはいえ、もちろん、歴史はあらかじめ定められた必然の過程ではない。歴史は人間がつくりだしていくのである。そうだとすれば、そしてわれわれが人類の滅亡ではなくてその精神的再生を望むならば、われわれは未来に対してどのような態度をとったらよいのであろうか。

人類の未来のために

平和と真理への自由

人類の未来についての二つの見方　人類の未来については、楽天的な見方と悲観的な見方がある。楽天的な見方は、人類は歴史とともに無限に進歩するという一八世紀の啓蒙的な進歩思想に代表されるが、この見方は今日でも形を変えていきていて、科学や技術の無限の進歩という考えと結びつき、そうした進歩が人間の輝かしい未来を約束するものとされている。実際、人工衛星の打ち上げやそれに伴う人間の宇宙空間への進出、電子計算機の発明や医療・医薬の進歩などは、過去にかなえることのできなかった人間の願望を満たしてくれたし、そうした意味では科学と人類の進歩は並行しているかのようである。だが問題は、はたしてこのような進歩が人間性そのものの進歩といえるであろうかということであろう。先にも触れたように、科学や技術のもつ人間の組織化や機械化の側面は、かえって人間性の退歩を促す条件になっているのではないだろうか。

また、科学や技術の進歩といっても、それらははたして無限に進歩するものであろうか。たとえば、将来人間の月旅行が可能になるとしても、人間が銀河系の外にまで出ることができるようになるであろうか。あるいはそこまで考えなくても、東京――大阪間の所要時間は技術の進歩によって急速に短縮されたが、われわれはいつかはこの間を一分で、いや一秒で行くことができるようになるであろうか。科学や技術が将来どこかで実際上の限界に行き当たり、それまでの成果をひたすら保存するだけの状態に陥るということも、考えられなくはないのではないか。さらにいって、科学は人類の将来を保証するどころか、むしろ逆に、人類の生存条件についての科学的なデータをもとにして、遠いまたは近い将来の人類の絶滅を予測してさえいるのではないか。そうしてみると、科学と技術による人類の無限の進歩という見方は、文字通り楽天的な見方であって、そこにはそれほど確実な根拠というものは見いだせないのである。

では、悲観的な見方の方はどうであろうか。原子爆弾の登場は第二次世界大戦の終熄《しゅうそく》を早めたが、科学と技術はその後もひき続いていっそう強力な水素爆弾を発明し、また原子炉の開発に続いて原子力潜水艦を建造した。そして現在これらの兵器は、いつでも効果的に行使される状態にある。つまり、人類は明日といわず今日この瞬間にも絶滅するか、それとも少数の人間だけが生き残ってふたたび太古からの生活をくり返すようになるかといった危険にさらされているのである。こうした状況のもとでは、人間は人類の未来に関していやでも悲観的な見通しをもたざるをえないであろう。そしてそこからうまれてくるのがニヒリズムであり、刹那《せつな》的な満足を求める刹那主義である。いわゆる健全なマイホーム主義者にしても、実はわが子を含めた人類の将来に大きな希望を託すことができなくて、現時点での家庭のささやかな幸福にだけ自分のよりどころを求めているのかもしれない。

ブルクハルト

だが人類の未来についての悲観的な見方は、人類絶滅の危機感にだけ由来するのではない。ヤーコプ＝ブルクハルトは、原子爆弾どころか第一次世界大戦も知らなかった一九世紀の歴史家であるが、かれが人類の将来に関して真剣に憂慮したのは、人間がいつの日か人間性そのものを失い、水平化され機械化された、自由と充実のないその日暮らしの生をおくることになりはしないかという憂慮であった。「理性にかわって隷属が支配する。個人と多数者にかわって全体と一とが支配する。文化にかわっていま一度たんなる生存が問題になる。……硬《こわ》ばった合目的性が生活の支配的な型になるだろう。」（ブルクハルト『世界史的考察』）ブルクハルトをよき友人としていたニーチェもまた、人類の没落と「終末的人間」について語っている。「地球は小さくなり、その上ですべてを小さくした終末的人間が飛び跳《は》ねる。この種属はのみのように根絶しがたい。」（ニーチェ『ツァラツストラ』）

二〇世紀にはいってからの技術の急速な進歩とともに、ブルクハルトやニーチェが憂慮していた人間の水平化と機械化が目にみえて増大した。だがそれにもまして人間の自由を脅かすようになったのは、全体主義国家の出現である。人間は自分で作りだした機械に支配されるように、自分がつくりだした全体主義体制に支配され、自らの自由を奪われる。機械はそれでもそれを操作する人間によって制御されるが、国家体制の変革はきわめて困難で、事実ドイツや日本の場合のように、国民は自力によってではなく他力によって、しかも敗戦による多くの犠牲を代償にして、ようやく全体主義の軛《くびき》を脱したのである。だがしかし、第二次世界大戦後も全体主義の脅威は去っていない。人類は将来一つの全体主義体制のもとで自由のない隷属的な生活を強いられることになるかもしれない。いな、人間は強制されなくても自らすすんで「自由からの逃走」を企て、維持するのに困難な自由よりも安易で手近な隷属を求めるようになるかもしれない。『自由からの逃走』の著者であるアメリカの心理学者フロムも、人間のうちにひそむそうした傾向性について警告を発しているのである。

『原子爆弾と人間の未来』　一九五六年一〇月、ヤスパースはラジオを通じて『原子爆弾と人間の未来』という講演を行なった。この講演そのものは短いもので、翌年二七ページの小冊子として出版されたが、その翌年には同名の表題で「われわれの時代の政治意識」という副題をもった五〇〇ページもの大冊が出版された。副題が示すように、この書物は第二次世界大戦後のヤスパースの政治思想を伝えるものであるが、ヤスパースはこの書の中で、原子爆弾が人間の未来にとって重大な脅威であることを認めるとともに、いま一つの脅威を、つまり「すべての自由と人間の尊厳を抹殺《まっさつ》する恐怖政治的構造をもった全体主義支配の危険」を、あわせて強調する。現代に生きるわれわれは、原子爆弾によって現存在そのものを、そして全体主義によって生きるに価する現存在を、脅かされているのである。

ところでヤスパースによると、この二つの危機は密接に関連していて、別々に解決できるといった性質のものではない。東西両陣営の対立という現在の世界情勢が続けば、人間は近い将来において、全体主義支配か原爆かという二者択一に出会わざるをえないだろう。つまり人間は全体主義支配に服し、単なる現存在を選んで、生きるに価する現存在を放棄するか、それとも生きるに価する現存在をあくまでも主張し、そのためにあえて原子爆弾による死を選ぶか、そのいずれかを選ばざるをえない局面にたたされるだろう。一九世紀の思想家や科学者が人類の未来に関していだいた不吉な予感――人類の絶滅と人間性の喪失は、二〇世紀の半ばにしてすでに現実の危機となって現われた。そこでもしわれわれがわれわれ自身をも含めた人間の未来を深く憂慮し、未来における人間と人間性の存続をほんとうに願うなら、単に悲観的な見通しに甘んじていないで、積極的に現在の危機に対決しなければならない。だがまた、ヤスパースによると、この危機の克服は決して簡単ではなく、そのためには人間がその倫理的・理性的・政治的状態において、歴史の方向を全く転換させるほどの変革を成し遂げなければならないのである。

ヤスパースがこの書で全体主義の脅威について語るとき、それは直接にはソビエトの国家体制と、その自由世界に対する脅威とをさしている。ソビエトではスターリンの独裁が一九五三年のかれの死にいたるまで続いた。一九五六年二月、フルシチョフのスターリン批判と東西両陣営の平和共存の提唱は、第三次世界大戦を回避できるという明るい希望をひとびとに与えたが、同年一〇月のハンガリー民主革命に対してソビエトが行なった軍事的介入は、集団指導制とはいいながらも共産党の一党独裁のもとにあるソビエトの全体主義体制とその衛星国支配の実態を内外に示したできごとであった。ヤスパースがラジオで「原子爆弾と人間の未来」について講演したのは、ちょうどこの時点にあたっている。もちろん世界の政治情勢はその後も変化した。ソビエトの対外政策はアメリカのそれとともに柔軟性をましてきて、冷戦状態は緩和された。また中国の強大化は同じ共産陣営の中でソビエトとの対立をうんだが、その中国も現在は国内体制の改革と整備に追われている。こうしてみると、各地の局地的紛争は別として、東西の大国間の平和共存は一応成功しているかのようである。だがわれわれは、はたしてこの平和状態に満足していてよいのであろうか。

ヤスパースは、現在の平和共存という事態の背後に、一種の欺瞞《ぎまん》があることを指摘する。つまり表面的には平和共存を続けているが、その実、全体主義はマルクス主義理論によって資本主義世界の必然的な内的崩壊を期待しているし、自由世界もまた全体主義体制が国民の不満によって弱体化し解体することを期待しているのではないか。そうだとすれば、平和共存は実は真に共存を願っているのではなく、互いに相手国の自滅をねらっているのであって、これでは決して危機の根本的な解決にはなっていない。おそらくどちらかが自滅の危機にひんしたとき、原子爆弾が行使される可能性は十二分にある。つまり現在の平和共存は装われ偽られた平和状態であって、たとえそれによって全面的な核戦争の危機が一日のばしに回避されるにしても、人間の倫理的理性的状態の根本的改革がなされていない以上、人間と人間性の未来を保証する真の平和状態が達成されているとはいえないのである。

『真理と自由と平和』では、そうした真の平和状態はどうすれば確立されるのであろうか。いま手もとに、ヤスパースが一九五八年にドイツ出版平和賞を授賞した際の講演で、『真理と自由と平和』と題する本があるが、これはヤスパースの平和についての基本的な考えを知るうえでかっこうの書物であるから、その要旨を紹介することにしよう。

第一段階　平和には、外的平和と内的平和がある。外的平和とは、いかなる戦争もなく、大量殺戮《さつりく》兵器がもはや決して使用されず、原子爆弾による人類の終末が永遠に回避されるような平和状態で、こうした平和は世界平和としてのみ可能である。つまり、われわれが今日求めている平和がそれで、それを達成するには単なる政治的操作や駆け引きではなくて理性的に熟慮された世界政策が必要であるが、しかし、そうした政治的な平和政策とは別に、外的平和達成のためには人間の内的平和の維持がその絶対的条件であることを見のがしてはならない。「内的平和なしにはいかなる外的平和も存在しない」のである。では、内的平和とは何か。

平和とは単に闘争のないことではない。現にまた、闘争は人間の限界状況であって、人間はこの状況から離脱することはできない。だがしかし、人間は闘争を暴力的な闘争から精神的な「愛を伴った闘争」に変えることができる。暴力的闘争は「愛を伴った闘争」である人間相互の交わりにおいて消失し、勝利による優越にかわって自他に共同の真理があらわれる。そしてこれが内的平和である。そうだとすれば、平和はまず自分の家庭から始まるのであるし、世界平和は諸国家の内的平和をもって初めて可能になる。国内政治の平和喪失は、対外政策における平和をも不可能にするであろう。

第二段階　ところで、個々の人間や国家の内的平和は、自由によって存在する。自由こそは内的平和の絶対的条件である。では、平和の条件である自由はどのような自由であろうか。それはまず第一には個人の自由であり、第二にはカントが共和国的統治方式と呼んでいる国家の自由な統治方式、つまり国家の内的自由であり、第三には他国の圧制に対する自国の自己主張としての国家の外的自由である。自由はこのように多義的であるから、たとえば専制国家でも外的自由をもつことができ、内的に不自由な人間からなる国民も内的に自由な憲法をもつことができる。だがしかし、国家の外的自由と内的自由は、国民の内的自由によって、すなわち国民を形成する個々の人間の実存的自由によって、初めてその永続性を獲得する。外面的な政治操作によって得られた外的平和は、人間そのものの根底において保証された平和ではなく、それは個人の不自由という事実的不和からふたたび戦争にいたるであろう。順序からいえば、まず自由が、次いで世界平和が確立されるのであって、この逆、つまりまず平和を、次いで自由をという要求があるとすれば、それは実はまちがった要求であり、欺瞞的な要求なのである。

第三段階　ところで自由は、真理によってのみ存在する。自由は単に無拘束な状態でもなければ、かってになにかをなしうるといった状態でもない。自由の前提は真理への帰依であり、真理への帰依において初めて充実した自由が可能になる。「いかなる平和も自由なしには存在しないが、しかしまた、いかなる自由も真理なしには存在しない。ここに決定的な点がある。自由は、自由がそれから生じ、それに仕える真理が考えられていない場合は、空虚である。」われわれがもし真に自由と平和を求めるなら、われわれはあらゆる党派や立場に先だって存在するこの真理の空間のうちでまずお互いに出会わなければならない。われわれが自由であり真実である場合は、われわれは不断に真理のこの共有の空間へと帰りつくのであって、そこに真の内的平和が確立されるのである。

自由の危機とその擁護

平和についてのヤスパースの考えは、ほぼ以上から明らかであろう。外的平和は内的平和に、内的平和は自由に、自由は真理に、それぞれ基づいている。われわれが求める世界平和の究極の基礎は、われわれ以外のどこにもなく、われわれ自身のうちに、すなわち真理を求めるわれわれひとりひとりの自由のうちにある。そしてそれゆえにこそ、真理を求める自由な個人は、同時にまた自由な国家を、つまり、すべての個人の自由がそのうちで最大の実現の機会をもつような国家の状態を望むのである。

自由な国家状態とは、その国家のすべてのひとびとによって固定化した既成の秩序が絶えず合法的形式で是正され、しかもそうした是正が公開の討論・報道の自由・最高度の教養と思想の自由によって促進されるような政治状態であるが、こうした状態はもちろん全体主義国家のうちには見いだせない。真理を求める個人の自由が抑圧されているところでは、あるいは国民がすすんで自ら真理を求める自由を放棄しているところでは、自立した個人の実存的交わりを基盤とする内的平和もまたありえないであろう。だがまたヤスパースによると、いわゆる自由陣営の諸国家において自由な国家状態が完全に実現されていると考えるのも早計である。自由世界は全体支配よりも個人が自由になる機会に恵まれているだけである。自由世界がその名の通り自由な世界として存続しうるとしたら、それは自由世界のうちで個人が自由になる機会が十二分に尊重され、そのためにあらゆる努力がはらわれる場合にのみであろう。カントが理想とした共和国統治方式は自由世界においても失われる可能性があるし、現に名のみ共和国ですでにそれが失われつつある国も見いだされるのである。

ヤスパースはこうした要旨のことを「自由の危機とチャンス」(一九五〇年、『弁明と展望』所収)という一文のうちでもくり返しているが、そこではさらに、個人の自由と個人間の自由な交わりとが廃棄されるいくつかの可能性が語られている。まず第一に、絶対的真理をすでに所有しているという主張は、自由を廃棄する。なぜなら、たとえば私が真理をすでに所有しているのなら、私はそれをただ他人に対して宣言することができるだけで、他人はこれを承認するか拒否するかしかできないが、こうした真理の排他的主張は、交わりのなかで真理を確認するという人間の自由な態度を否定するからである。第二に、人間の神化も自由と相いれない。もしわれわれが特定の個人を指導者として崇拝し、これに最終的に服従するとすれば、われわれは自らの自由をすすんで放棄したことになる。第三に、人間への信頼が失われ、人間を蔑視するならば、これも自由と自由な交わりの否定である。しかも以上三つの契機は相互に関連しあっているのであって、そこから結論的にいえることは、すべての人間が自由にならなければ何人も真に自由ではありえない、ということであり、したがってまた、自由はただひとびとが力を合わせることによってのみ実現される、ということなのである。

理解の徹底を期すために、もう一度ヤスパースの発言を聞こう。これは『歴史の起源と目標』からの引用である。

「個人の自由は、もしすべての個人が自由であるべきならば、他のひとびとの自由と同時に成立しうるかぎりにおいて、可能である。

法的には、個人にはかれの恣意《しい》（消極的自由）の活動余地が残されており、かれはそれによって他のひとびとから自己を隔絶することもできる。だが倫理的には、自由はまさに相互関係における腹蔵のなさを通じて存立するのであって、この自由は強制なくして愛と理性から展開されうる（積極的自由）。

消極的自由の法的保証に基づいて積極的自由が実現されると、そこで初めて次の命題が妥当する。すなわち、人間はかれが自由を自己のまわりに見いだすにつれて、つまり、すべての人間が自由であるにつれて、自由である。」

平和の条件としての真理への自由

ヤスパースが自由に関して強調していることは、自由が単独者としての個人の実存的自由であると同時に、複数の人間の間にかわされる実存的交わりの自由であるということである。この二つの自由は、一見別々に成りたつ自由のようにみえるが、決してそうではない。個人の自由は交わりの自由なくしてはありえないし、交わりの自由も個人の自由なくしてはありえない。このことは、実存が決して孤立した存在ではなく、実存相互の交わりにおいて初めて実存であるという、ヤスパースの実存についての考えからしても当然であるが、しかしまた、このことは、自由が究極には真理のための自由であるということからも、当然帰結する事柄であろう。人間がなぜ自由を必要とするかといえば、それは根本的には真理のためで、もろもろの自由はただこの真理への自由を整えるためにあるといってよい。つまり、真理は常に真理に対して自己をひらいた自由な人間に対してのみ顕現するが、だがその真理は個人的主観的なものではなく、それが真理であるかぎりは万人にとっての真理であって、そうした真理のいわば真理性は、理性を媒介とする人間相互の自由な交わりの場においてのみ確証されるのである。

ところで自由は——それがまさに自由なのであるから——ひとびとに強制できないわけで、それはどこまでも人間ひとりびとりが自らにおいていわば体得するのでなければならない。真理への自由を体得した人間が多くなればなるほど真理はますますその輝きをまし、内的平和はますます堅固なものとなり、それにつれて外的平和もまた保障されるようになるだろう。ヤスパースが平和の究極の条件として人間の根本的変革を説くのは、こうした理由からなのである。人間の未来は、ひとりびとりの人間の肩にかかっている。人間ひとりびとりが真理への自由を体得する度合いに応じて人間の未来も明るくなる。これに反して、真理への自由を放棄し、すべてに対して奴隷的服従の態度をとり、少数の指導者やその理論に盲目的に従う人間がふえれば、人間の未来は絶望的であろう。

ヤスパースが生きるに価する現存在と呼び、人間に価する生と呼ぶのは、こうした真理への自由を体得した人間の生き方のことである。したがって、真理への自由を放棄した人間は、単なる現存在を選んだにしても、生きるに価する現存在を選んだことにはならない。いな、ヤスパースの考えをつきつめれば、真理への自由を放棄した人間は実は平和への意志をも放棄しているのであるから、単なる現存在を選んだことにもなっていない。そうした人間はむしろ戦争による人類破滅の道を選んでいるのであり、単なる現存在をも否定する道を歩んでいるのである。そうだとすれば、人間は単なる現存在のためにも、つまり戦争を回避し人類を絶滅から救うためにも、生きるに価する現存在を、真理への自由を体得した生き方を選ばなければならないであろう。そうした生き方は、また、ヤスパースの場合、さきに触れた哲学的な生活態度をもった生き方と一つである。つまり、ヤスパースの平和論はかれの哲学と決して無関係ではない。それはどこまでもかれの哲学にささえられた平和論であって、それだけにその主張は一貫して毅然《きぜん》とした態度に貫かれているのである。

社会主義と世界秩序

社会主義の理念　ヤスパースはソビエトに代表される現代の社会主義国家を全体主義体制の国家とみて、そこでは真理への自由が抑圧されていると考える。しかし、それでは、ヤスパースは社会主義そのものをも否定しているのであろうか。決してそうではない。ヤスパースによると、社会主義は、「すべての人間の自由を可能にするために、労働および労働産物の配分を組織化しようとする、現代の人類の普遍的傾向」であって、「正義を基準とし、特権を退け、すべての人間がいっしょに働き、いっしょに生活する秩序を目ざした意向や傾向や計画」は、今日ことごとく社会主義という名で呼ばれている。今日ではほとんどすべてのひとがその意味で社会主義者であり、社会主義のこの要求を認めているのであって、ヤスパースもまたそれを否定してはいないのである。

ところでヤスパースによると、社会主義はもともと個人の自由を擁護《ようご》すべきものであるから、そのためには独裁者の恣意であれ、一時的な多数者の恣意であれ、そうした恣意に基づく権力や暴力から人間を守るもろもろの勢力と提携しなければならない。つまりこれまで西洋で展開された政治的自由の諸原理をとり入れてそれらを同化する社会主義だけが、自由の社会主義を貫くことができるのである。だが現実に存在する社会主義国家は、およそこうした社会主義の理想とは相いれない全体主義的権力機構をそなえている。これはヤスパースの目からすれば、社会主義の逸脱でしかないが、しかしそれにしても、このような事態が生じた原因はどこにあるのだろうか。全体主義権力を否定し、そのために闘ってきた社会主義が、それ自身ふたたび全体主義権力をそなえるにいたったのは、なぜなのだろうか。

全体計画化

ヤスパースの考えでは、その原因は、計画化という点にある。つまり「社会主義に仕えるかわりに、社会主義を支配するような権力は、社会主義にもともと含まれている計画化という特性によって、しかもそれが全体計画化となる場合に、生じてくる」のである。全体計画化は国家の手によってのみ可能であり、しかも絶対的権力をそなえた国家によって初めて達成される。そして現在の社会主義国家における計画化は、資本主義経済のもとにあるいかなる独占企業の計画化よりも強大であり、私生活を含む人間の全生活領域をおおう全体計画化にまでいたっているのである。

ヤスパースはそこでまず計画化と全体計画化を問題にする。計画化とはある目的を目ざしての調整であり、そのかぎりでは計画化は人間に固有な事柄であって、人間は昔から現存在のさまざまな目的のために計画化を試みてきた。だが近代的計画化の特徴は、それが経済の領域で大規模に行なわれるようになったこと、それが高度に技術化された生産手段の制御と結びついていることのうちに、見いだされるのである。したがって、われわれは今日、自由市場経済においてもかなり広汎な計画化を必要としている。だが計画化に際して問題なのは、計画化を具体的な個々の目標にだけ制限し、全体の成り行きはあくまでもろもろの力の自由な活動にゆだねるか、それとも全体計画化を採用し、一つの計画によって国民全体の行為を規制するか、このどちらを選ぶかということなのである。

なるほど全体計画化は一見能率的であり、部分的な計画化の集合よりは、はるかに実際的効果を収めるようにみえる。だがしかし、ヤスパースによると、全体計画化は有意義なしかたでは決して可能ではない。なぜなら、全体計画化は全体を見通す一つの全体知に立脚しなければならないが、こうした全体知は神ならぬ人間にあっては、自己の知と力についての錯覚による以外は不可能だからである。われわれはただ限られた部分的な諸目的に関してのみ、有効な計画化によって目的を達成することができる。およそ計画に際してはそのつどその計画の具体的な限界を見きわめることが必要であって、この限界が無視されると、本来有意義な計画化も破壊的な結果をしかうまなくなる。くり返していえば、全体計画化が有効なためには全体知を必要とするが、人間には全体知の獲得は不可能であって、したがって有効な全体計画化もまた不可能なのである。

官僚制・テクノクラシー・史的全体知

ヤスパースはこうして全体計画化そのものの意義を否認するが、それと同時に、全体計画化から生ずる現実のさまざまな弊害をも指摘する。たとえば、全体計画化は絶対権力をもつ国家によってなされるが、それは必然的に官僚制の自立化を促進する。官僚制は国家事業計画の手段として、どの国家にもみられ、また実際に必要な手段であるが、しかし全体計画化の傾向が強まるにつれて、国民に奉仕するという自己制限のエトスにかわって無制限の自己拡張への傾向が官僚制内部に生じてくる。政策が災いと混乱をひき起こしても、それに対する責任意識は存在しない。規制が万能薬であるという信仰は、自己打開の精神を抹殺《まっさつ》しようとする。官僚制はさらに個々の官僚の利害の連帯性によってささえられており、機構そのものが保身と安定を要求する。官僚制は文字通り国民不在の官僚制となるのである。こうした官僚制は、もちろん社会主義国家だけではなく、計画化をおしすすめている資本主義国家のどこにも見いだされるのであって、ヤスパースは西ドイツの官僚制についても手きびしい批判を加えているのである。

全体計画化は、さらに、テクノクラシーと結びついている。テクノクラシーとは、技術そのものによって技術を導き、それによってすべての害禍《がいか》を克服しようという思想であるが、しかし、ヤスパースによると、これは全く科学万能の迷信でしかない。技術時代は全体計画化による人間生活の新たな建設という理念を技術的方途によって能率的に実現しようと試みるが、これはかえって危険な結果を招くであろう。技術は技術によっては支配されないし、テクノクラシーはむしろ人間の決定的な水平化と奴隷化をもたらすだけである。技術的なものの限界を心得ているのは人間であって、技術から自由な人間だけが技術を支配することができる。確かに計画化は、技術的領域の内部では特に顕著な成果を収めることができ、そこからテクノクラシーの思想がうまれるのであるが、もし技術者が人間の生活全体は技術的にコントロールできるし、またそうすべきであると考えるならば、かれは誤った技術的全体知にとらわれているのである。

マルクス主義を信奉する社会主義国家の全体計画化は、そのうえさらに、憶測的な史的全体知に基づいている。世界の歴史的過程についての全体知を求めるいわゆる歴史哲学は、キリスト教的終末観の世俗化によって生じた。アウグスティヌスが『神の国』で展開したキリスト教の摂理思想を基本とする全体的歴史観は、ヘーゲルにあっては弁証法的に歴史を支配する概念の必然的展開という思想に変わり、さらにマルクス主義では経済変革の弁証法に基づく歴史的過程の必然性という唯物史観が採用される。つまり、マルクス主義の考えでは、歴史の過程は一種の科学的必然性に基づいているのであって、人間とその社会の未来状態も過去と現在の状態から科学的に予測できるのであるから、それを目ざした全体計画化もまた可能であることになる。人間のあるべき姿は、この場合、全体計画化によって達成される目標として掲げられるのである。

だがヤスパースによると、われわれは人間の未来をその全体にわたって予測することは決してできない。確かに歴史の過程のなかにも個別的には探究可能な因果連関や意味連関が見いだされるが、しかし、それらについての科学的認識は可能であっても、そこから歴史全体の歩みについての全体知は獲得されない。未来にわたる歴史の過程全体を把握できるという考えは誤った考えであって、それは、たとえば歴史のうちの経済的因子といった一つの理解可能な因子を絶対視したり、あるいは単に概念的に把握されただけの一歴史過程を歴史全般にまで全体化する場合に生じてくるのである。

人間が歴史の主体である

歴史に関して見のがされてはならないことは、歴史の主体は人間であり、しかも自由な人間であるということである。第一義的には、人間が歴史をつくるのであって、歴史が人間をつくるのではない。人間は確かに歴史の過程をさまざまに考え、そこに首尾一貫した展開像をえがき、過去から現在を通って未来にむかう方向線を引くことによって歴史を照明しようとするが、しかしわれわれの歴史に対する態度はこの

アウグスティヌス

ような照明によって支配されはしない。照明された歴史像は、われわれが歴史に対してどのような態度をとるべきかを見定めるための参考でしかないので、それを現実の歴史全体の客観的認識であるというふうに誤解してはならないのである。

したがってまた、逆にこうもいえるであろう。自由な人間とは、さまざまな歴史的可能性のうちで生きている人間であり、未来にむかって開いた世界を見ている人間である。未来に対するこうした開放性が自由の条件であるし、見解の広さが現在で明確な決意をくだすことの条件である。未来を考量するということは、それしかないといった事柄の必然的成り行きを知ろうとすることではなくて、未来のうちにひそむさまざまな可能性を知り、それに対して自由に対処する姿勢を養うことなのである。

社会主義の逸脱　社会主義が人間の自由と正義のためのものであるならば、それは未来を予断して全体計画化によってそれを実現しようとする熱狂的な社会主義ではなく、冷静な理性によって自由なデモクラシーを一歩一歩実現していくような社会主義であろう。社会主義は既成社会の改革を目ざしてさまざまな提言を行なうが、その際改革されるべき事態が冷静に見抜かれているならば、その提言は正しく、有効である。しかし、もしその提言がそれだけとして抽象化され絶対化されるならば、それは瞬時にして現実を遊離した提言となり、なおもそれに固執することはもはや狂信でしかないであろう。

たとえば、社会主義は自らを個人主義に対立したものと考え、個人主義を否定しようとする。確かに個人主義は、それが単に個人の私利私欲をむさぼる個人主義であるならば、否定されるに価するものであろう。しかし、社会主義がこの対立を一方的に絶対化し、およそ個人の私的な権利をいっさい認めないとするならば、それは個人を水平化し、個人の人格を破壊することになる。また社会主義が資本主義社会での生産手段の私有に反対してその共有を提言するならば、それは確かに大企業の独占から生ずる弊害を除くという点では有効であろう。しかし私有に対する反対が絶体化され、私有一般の廃止が主張されるならば、人間は自らの本質を反映させ、そこからふたたび養分を獲得する個人的世界を失うことになる。また社会主義が放埒《ほうらつ》な自由放任主義に対して自由主義に反対するのは正当であるが、限定された目的のための計画化にとどまらないで全体計画化を主張するならば、人間の創造性と進取果敢な精神を奪うことになる。

社会主義についてのヤスパースの考えを要約すれば、こうなるであろう。社会主義は本来、個人の自由と正義が保障される社会の実現を目ざした人類共同の理念であって、現実に実現されている社会主義がただちにそれであるのではない。いな、現実の社会主義はそうした理念としての社会主義から逸脱した社会主義であって、全体計画化や史的全体知や提言の絶対化によって、かえって人類の水平化を促し、個人から真理への自由を奪うものなのである。私がこれを書いているうちに、たまたまチェコの自由化の問題がクローズ・アップされた。これはヤスパースの社会主義についての見解をうらなう好機ともなろう。理念と現実がどこまで一致するか、事態を見守りたいと思う(この原稿が私の手元を離れた後、事態は一変した。事態についての判断は読者に委ねよう)。

未来国家の二つの可能性　社会主義とならんで人類の未来にとって問題なのは、人類の統一が現実にはどのような国家形態において実現されるか、ということであろう。地球全体が空間的に一体化した今日、未来の国家形態について考えることは、決して無意義なことではない。いな、人類の統一を求める立場からすれば、それがどのような形で実現されるかは重大な関心事なのである。

ヤスパースはそこに二つの可能性をみる。一つの可能性は、多数の国家の主権を承認すると称しながら、実際は中央集権的支配の型をもった単一支配帝国の出現である。そしていま一つの可能性は、人類という唯《ゆい》一《いつ》の主権のためにそれぞれの主権を放棄した連合国家の協調による世界統治である。前者、つまり世界帝国は、地上のある場所から権力によって人類全体を制圧する世界平和であり、後者、つまり世界秩序は、共同決議から生ずる力以外には統一力をもたない人類の統一である。前者は独裁的な統一国家で、そこでは表面上静止した安定状態が続くが、後者は民主的な平和社会であって、しかもそれは、常に自己修正をかさねながら変化していく社会なのである。

ヤスパースがこの二つの可能性のどちらを望んでいるかは語るまでもないであろう。だがまた、ヤスパースは、かれが望んでいない可能性の方が、つまり世界帝国の方が、未来において出現しやすいことも十分承知しているのである。一旦《いったん》世界帝国が出現するとそこで人間の精神がどのように変わるかは、基軸時代末期に生じたローマや中国の帝国の場合からも想像がつく。おそらくそこでは、いまだかつてみられなかったほどの人間存在の水平化が生じるであろう。むなしい活動をかさねるアリのような生活、硬直しかわききった精神、精神を失った権威による旧態墨守《ぼくしゅ》。もちろんこうした危険は人間にとって絶対的なものではなく、帝国内部でもふたたび新しい精神の活動が真理への自由を希求する少数のひとびとによって開始されるであろう。だがそうした活動に対する権力者の弾圧もまた、歴史の証明するところなのである。

では、世界帝国を回避し、人類のための世界秩序を実現することは、はたして可能なのであろうか。ヤスパースによると、もしそれが可能であるとすれば、それは既存の自由国家の連邦制から出発するほかない。そしてそこで確立された精神が引力となって他者を誘い、地球上のすべての国が平和のうちに法秩序に参加するならば、人間の未来もまた救われるであろう。しかしそのためには、大国は率先して自国の主権を自発的に放棄する必要がある。人類全体の秩序という主権以外になおなんらかの主権が残っているならば、そこには非自由の源泉もまた残っていることになるからである。世界秩序がすすめば、主権が放棄されるだけではなく、従来の国家概念もまた放棄されるであろう。世界秩序は一種の地域的自治体である諸国家の包括的な連邦制において最終的に確立されるのである。

国際連合

ヤスパースは国際連合の機関に不満をいだいているが、それは以上の理由によっている。確かに国連憲章の前文にしるされた諸原則はすばらしく、そこには世界秩序への意志と信念が語られているが、しかし憲章には不備の点が多く、また国際連合の現実の行動には幻滅を感じさせることが多い。国連憲章は依然として構成国の主権を認め、しかも安全保障理事会では特に五大国の卓越した主権が認められる。一大国の利害にかかわることは拒否権の発動を招き、決定にいたらない。国際連合の執行権は国際連合そのものにはなく、それは主権をもつ諸国家の政治にもっぱら依存しているのである。しかも国際連合の目的とする世界秩序を欲しない国々が国際連合の制度を政治道具として利用したり、さまざまな虚言や駆け引きによって自国の不法を世界世論の前で正当化しようとする。国際連合は「諸大国の現実行動の合い間に挿入された、拘束力のない遊戯が上演される一幕」のようなものなのである。

とはいえ、今日、国際連合に代わる機関はなく、国際連合もそれがないよりはましである。国連憲章は尊重すべきものであるし、たとえ現在ではその機能が十分にいかされていないにしても、依然として平和に奉仕する手段であることには変わりはない。だがしかし、国際連合の実際活動の変化は、やはり人間の倫理的政治的意識の根本的変革をまって初めて可能であろう。現実に存在する国際連合は、そうした未来の世界秩序のためのわく組みとして有効性をもっているのである。

ニューヨーク，国際連合ビル

世界秩序はユートピアか

最後に、こうした世界秩序は単なるユートピアにすぎないのではないか、といった反論がある。その反論によれば、人間はもともと共同体秩序にむかない存在であり、世界秩序はそれを秩序づける独裁者の権力によってのみ可能なのである。しかし、それがゆるがすことのできない事実であるならば、なぜわれわれはくり返し平和王国での人類の統一と世界秩序を求めるのであろうか。しかもそれへの道は、人間がお互いの秩序のために国家共同体を創設した時からすでに始まっているのではないか。そうだとすれば、その共同体を拡大して人類全体の共同体に及ぼそうとする努力には、なんら原理的な限界点は存在しないはずであろう。そしてそれだからこそ、これまでの歴史においても、権力や暴力への衝動とは別に、譲歩と妥協、相互犠牲、法の承認による権力の自制といった精神が見失われずにきたのである。

人類の統一と世界秩序を不可能と考える人間は、自らそうした意志を放棄した人間である。そして戦争は不可避であると考える人間が知らず知らずのうちに戦争に協力しているのと同じように、人類の統一を不可能と考える人間は、知らず知らずのうちに人類の統一を破壊しているのである。ヤスパースがくり返し強調しているように、人類の統一と世界秩序は、人間全体がその精神態度において根本的な変革を遂げることを前提とする。そうしたことは不可能であり、個人の力は無力であると主張するひとがいたら、そのひとは自らの精神の変革を欲しないひとか、それとも他人にはそうした変革が不可能だというふうに、他人を蔑視しているひとかであろう。ヤスパースの政治論を西欧のイデオロギーとして評価しさるのはあまりにも皮相であって、それを本当に理解しようと思えば、実存は他の実存との交わりのうちにのみあり、人間は人間の統一においてのみ人間であるという、かれの哲学の根本にまでもどって考えてみる必要があるであろう。そして一旦《いったん》そこまでたちかえってみると、かれの政治論のひと言ひと言が、深い重みをもったものとして感じられるのである。

哲学的な信仰と生活

人間の未来に関するもう一つの問題　社会主義と世界秩序は、いずれも人間の未来にかかわる問題であるが、もう一つ人間の未来を占う根本的な問題がある。われわれは科学や技術や文明を社会主義と世界秩序の基礎とするだけでは、決して十分ではない。科学や技術や文明は、善にも悪にも奉仕する。そうだとすれば、人間はそれらとはまた別の根源にたって生きなければならないが、それがすなわち信仰である。人間存在を決定づける真の未来の問題は、人間が何をどのように信ずるか、という問題なのである。われわれは今日、共通な信仰を内容とする伝統的なささえを失っている。だがそれだけに、われわれは伝統によって与えられた信仰よりもいっそう深い信仰の根源に、つまり、これまで歴史のうちに現われたあらゆる信仰がすべてそこから発している根源に、その気さえあればたちかえることができるのである。

信仰は、この場合、ある特定の内容や教義のことではない。それらはいまいったように、信仰の歴史的な諸形態の表現にすぎない。信仰そのものは何かといえば、人間をその根底において満たし動かすものであり、人間はこの根底において自己自身をこえ、存在の根源と結ばれるのである。ヤスパースはまた、こうもいっている。人間は心理学や社会学といった諸科学の対象に尽きるものではなく、一つの包括者にかかわることによって真に自己自身となるが、この包括者は、人間が精神である限りは理念であり、人間が実存である限りは信仰である、と。社会主義や世界秩序の基礎となるのは、こうした人間ひとりびとりの信仰である。人間にもしこの信仰がなければ、社会主義も世界秩序も、色あせたものでしかないであろう。それらをいかし、それらに生命を吹き込むのが信仰である。われわれは先に、平和の究極の基礎が真理への自由であることをみた。またそのためには、人間の倫理的政治的状態の根本的変革が必要であるということも聞いた。これらはすべて一つのことをさしている。真理を信仰し、真理に賭《か》けた生き方を貫くこと、ヤスパースがいいたいのはこのことなのである。

こうした信仰は、その本性上人間ひとりびとりの自由にゆだねられた信仰であって、客観的に命題の形で表現されることはできない性質のものである。だがその内容をあえて分節すれば、それは神への信仰として、人間への信仰として、世界のもろもろの可能性への信仰として、断片的ではあるが次のように表現できよう。

神への信仰。人間によってうみだされた神の表象は、いずれも神そのものではない。だがまた、神性は、そうした表象を介してのみわれわれに意識される。神性は根源であり、目標であり、安らぎであって、ここに人間の庇護《ひご》がある。人間が人間であることをやめない限り、こうした超在が人間から見失われるということは考えられない。

人間への信仰。人間への信仰は、自由の可能性への信仰であり、自由に基づく人間のもろもろの可能性への信仰であって、人間を神格化して信仰することではない。人間への信仰は、むしろ人間の存在の根拠である神性への信仰を前提とする。また人間への信仰は、人間相互の真の交わりが可能であるという信仰であって、その場合真の交わりとは、単なる接触や共感や利害の共通よりも以上のものである。

世界のもろもろの可能性への信仰。世界をそれ自体で完結したものとみたり、全体として認識可能な機構とみたりするのは、誤った認識である。世界への信仰は、世界が全体としては考量不可能であり、くみつくすことのできないもろもろの可能性をもっているということへの信仰であって、それは同時に、人間がそうした無限の可能性をはらむ世界の中に投げ出されているという根元的な謎《なぞ》を直視することなのである。

哲学的な信仰と生活　ヤスパースがここで信仰とよぶのは、特定の宗教やその教義にかかわる信仰ではなくて、かれが宗教と無神性の間の哲学として主張した、あの哲学的信仰である。したがってまた、社会主義と世界秩序の基盤となる人間の生き方は、この哲学的信仰を身につけた哲学的な生き方ということになろう。この場合、信仰が特定宗教の信仰ではないのと同じように、哲学的に生きるということも、ある特定の内容をもつ特定の哲学にしたがって生きるということではない。哲学的な生き方は、特定の宗教を絶対視したり、特定の科学的知識を絶対視したりしないで、人間の心を常にあらゆる可能性にむかって開放し、しかもその中でたえず真理を求めていくといった、そうした生き方である。そしてそれが、人間が理性的に生きるということなのである。信仰をもって生きるということと、理性的に生きるということは、決して矛盾し対立する事柄ではない。だがまた、それが口でいうほど簡単な生き方でないことも確かである。人間はそうした生き方の重荷に耐えかねて、たえずそこからのがれでようとする。人間は自由を放棄し、信仰を放棄し、理性を放棄しようとする。人間は生きるに価する生き方よりも、動物にも似た単なる生き方を選ぼうとする。われわれは人間のうちにこうした危険が潜んでいることをたえず注意しなければならない。いや、人間のうちにといったが、自分のうちに、といい替えるべきであろう。ヤスパースが提唱する哲学的な生き方は、この危険をくり返し思いおこす生き方である。もしひとびとがそうした生き方を身につければ、もともとひとに訴えかけてその実存を目ざますことを使命としているヤスパースの哲学もいかされたことになろう。その膨大な著作の中でヤスパースが訴えているのは、ただこの一事なのである。

あとがき

ヤスパースのひととなりとその多方面にわたった思想を概観するのが役目であったが、書き終えてみると、まだまだ紹介したりなかったところがあって、読者にヤスパースの全体像を伝えることができたとはとても思われない。これはしかし、筆者の力不足によるので、読者にも、執筆をすすめてくださった方々にも、出版社にも、おわびしたい。なお読者には、巻末にのせたヤスパースの著作や文献を参照して、直接ヤスパースの書いたものにぶつかることをお願いする。前書きでも触れたが、ある思想家の思想を理解するには、ただ一冊でもよい、直接その思想家の著作に接することがなによりもたいせつなことだからである。なお、伝記の中やヤスパースの哲学思想をまとめたところで、筆者が以前ある講座で発表したものを利用したが、このこともあわせてお許しいただければ幸いである。また、年譜や文献リストの作成をも含めて、鈴木三郎・草薙《くさなぎ》正夫・重田英世・林田新二諸氏のこれまでのご労作を参照させていただいた。しるして厚くお礼申しあげたい。

ヤスパース教授からは、昨年八月、『作品と影響』に収められた写真を転載してかまわないとのご好意あるお手紙をいただいたが、そのおり、かなり重い多発関節炎を病んでおられることを知った。本年二月訃報《ふほう》に接して、筆者としても感無量である。つつしんでご冥福《めいふく》をお祈りする。

ヤスパース年譜

（ヤスパースの著作については、雑誌論文は省き、単行著書を『　』で示した。書名の下にしるした番号は、翻訳書リストの番号と一致する。）

西暦	年齢	年譜	背景をなす社会的事件、ならびに参考事項
一八七一年			ドイツ帝国誕生、ウィルヘルム一世即位、ビスマルク首相となる
一八七五			ドイツ社会主義労働党結成、ゴータ綱領の成立
一八八二			ドイツ・オーストリア・イタリア三国同盟成立
一八八三	〇	二月二三日、現在西ドイツのオルデンブルクでヤスパース生まれる	マルクス死ぬ（一八一三〜） ムッソリーニ生まれる（〜一九四五）
一八八八	五歳		ドイツ皇帝ウィルヘルム二世即位
一八八九	六		ヒトラー生まれる（〜一九四五）。ハイデッガー生まれる。マルセル生まれる
一八九〇	七		ビスマルク辞職

一八九二年	九歳	オルデンブルクのギムナジウムに入学	
一八九六	一三		マックス＝ウェーバー、ハイデルベルク大学に移る
一九〇〇	一七		ニーチェ死ぬ（一八四四～）
一九〇一	一八	ギムナジウム卒業、以後ハイデルベルクとミュンヘンの大学で三学期間法学を学ぶ	
一九〇二	一九	イタリア旅行、スイスのシルス－マリーアで医学部への転部を決意、以後一九〇八年まで、ベルリン・ゲッチンゲン・ハイデルベルクの各大学で医学を学ぶ	
一九〇五	二二		サルトル生まれる
一九〇六	二三	以後一九四八年まで、四二年間ハイデルベルクに居をおく	
一九〇七	二四	エルンスト＝マイヤーとその姉ゲルトルート＝マイヤーと知り合う。医師国家試験合格	イギリス・フランス・ロシア三国協商成立
一九〇八	二五	ハイデルベルク大学精神科クリニックの助手となる	
一九〇九	二六	「郷愁と犯罪」という論文で医学の学位をとる。フッセルの講義を聞く。マックス＝ウェーバーと知り合う	キルケゴールのドイツ語訳全集刊行開始
一九一〇	二七	ゲルトルート＝マイヤーと結婚	
一九一一	二八		ディルタイ死ぬ（一八三三～）
一九一三	三〇	『精神病理学総論』（1）。初めてキルケゴールを読む	

一九一四	三一	私講師として心理学の講義を始める	六月、第一次世界大戦始まる
一九一五	三二		ヴィンデルバント死ぬ（一八四八〜）。ラスク戦死する（一八七五〜）
一九一六	三三	心理学の員外教授となる	リッケルト、フライブルクからハイデルベルクに移る
一九一七	三四		ロシア二月革命・十月革命
一九一八	三五		一一月、第一次世界大戦終わる
一九一九	三六	『世界観の心理学』（2）	マックス＝ウェーバー、ミュンヘンに移る ワイマル共和国誕生
一九二〇	三七	マックス＝ウェーバーの死にあたって追悼演説を行なう。リッケルトと決裂。自ら哲学者になろうと決意する 『精神病理学総論』改訂第二版 『世界観の心理学』改訂第二版	マックス＝ウェーバー死ぬ（一八六四〜）
一九二一	三八	ドゥリーシュの後を継いで、哲学科の員外教授となる 『マックス＝ウェーバー』（前年度演説）（3）	リッケルト『生の哲学』
一九二二	三九	四月、ハインリッヒ＝マイヤーの後を継いで、哲学科正教授として講義を始める。『ストリンドベルクとファン＝ゴッホ』（4）。『精神病理学総論』再改訂第三版	ソビエト社会主義共和国連邦成立 イタリアでムッソリーニ首相となる
一九二三	四〇	『大学の理念』	ブーバー『私と汝』
一九二四	四一	以後『哲学』の完成を目ざして努力する	

一九二五年	四二歳		ヒンデンブルク大統領に就任
一九二七	四四		ハイデッガー『存在と時間』 マルセル『形而上学日記』
一九二九	四六		ニューヨーク株式大暴落、世界恐慌始まる
一九三一	四八	一〇月、『現代の精神的状況』(5)を、一二月、『哲学』全三巻(一九三二年の年号を冠して)(6)を出版	
一九三二	四九	『マックス＝ウェーバー』(3)	
一九三三	五〇	ナチスにより大学運営への参加から締め出される	ナチス第一党になり、ヒトラー首相となる
一九三四	五一		ヒトラー総統となり、全権力をにぎる
一九三五	五二	オランダのフローニンゲン大学で講義、その講義を『理性と実存』(7)として刊行	マルセル『存在と所有』
一九三六	五三	『ニーチェ』(8)	リッケルト死ぬ(一八六三〜)
一九三七	五四	ナチスにより教授の職から追放される。『デカルトと哲学』(9)	日本・ドイツ・イタリア防共協定成立
一九三八	五五	フランクフルト・アム・マインでの講演を『実存哲学』(10)として刊行、以後第二次世界大戦終了まで沈黙を強いられる	フッセル死ぬ(一八五九〜)。エルンスト＝マイヤー、オランダへ亡命。ドイツ、オーストリア併合。ミュンヘン会談
一九三九	五六		チンマー、イギリスへ亡命。九月、第二次世界大戦始まる
一九四〇	五七	父親カール＝ヤスパース死ぬ(一八五〇〜)	日本・ドイツ・イタリア三国同盟成立

一九四一	五八	母親ヘンリエッテ＝ヤスパース死ぬ（一八六二〜）。春から翌年夏にかけて、『精神病理学総論』大改訂を行なう。イタリア語版のヤスパース論文抜粋集に「私の哲学について」（18所収）を送る	日本、第二次世界大戦に突入
一九四三	六〇		一月、スターリングラードのドイツ軍降伏。サルトル『存在と無』
一九四四	六一		九月、イタリア降伏
一九四五	六二	四月、アメリカ軍がハイデルベルク占領。復職して大学再興にあたり、再開した医学部で「大学の復興」（18所収）を講演、また哲学部で「罪の問題」を講義	五月ドイツ、八月日本が降伏。一〇月、国際連合発足
一九四六	六三	九月、ジュネーブの国際会合でヨーロッパ精神について講演、ルカッチと論争。十月、ローマの国際哲学会で実存主義について講演。『罪の問題』（前記講義）（11）。『大学の理念』（12）。『ヨーロッパ精神について』（前記講演）（18所収）。『ニーチェとキリスト教』（13）。『精神病理学総論』再々改訂第四版	
一九四七	六四	七月、招かれてスイスのバーゼル大学で「哲学的信仰」を講義。八月、フランクフルト＝アム＝マインでゲーテ賞を受け、記念講演「われわれの未来とゲーテ」を行なう。『真理について』（哲学的論理学第一巻）。『ジーグリッ	

		ト=ウンセットへの回答』(18所収)。『われわれの未来とゲーテ』(前記講演)(18所収)	
一九四八年	六五歳	永年住みなれたハイデルベルクを離れ、バーゼル大学教授となる、就任演説「哲学と科学」(18所収)。『哲学的信仰』(前記講義)。『哲学と科学』(バーゼル大学就任講演)(14)	ベルリン封鎖
一九四九	六六	ジュネーブの国際会合で「新たなヒューマニズムの可能性と条件について」(18所収)を講演。秋、バーゼルのラジオ講座で「哲学入門」を放送。『歴史の起源と目標』(15)	NATO成立 ドイツ連邦共和国(西ドイツ、アデナウアー首相)とドイツ民主主義共和国(東ドイツ、グローテヴォール首相)とが成立。中華人民共和国成立
一九五〇	六七	ハイデルベルクで「現代における理性と反理性」を講演。『哲学入門』(前記ラジオ講座)(16)。『現代における理性と反理性』(前記講演)(17)	中国・ソビエト友好同盟条約。ハイデッガー『森の道』
一九五一	六八	二月、バーゼル放送で「哲学への私の道」(18所収)を講演。『弁明と展望』(講演論文集)(18)	
一九五二	六九	『悲劇的なものについて』(『真理について』の一部)(19)	
一九五三	七〇	バーゼルでラジオ講演「現代における哲学の課題」(20)。バーゼルで「医師の理念」(28所収)を講演。『哲学者としてのリオナルド』(21)。生誕七〇年記念論文集『開い	スターリン死ぬ(一八七九〜)。マレンコフ、ソビエトの首相となる。ソビエト、水素爆弾保有を宣言

		た地平』刊行	
一九五四	七一	九月、スイスのラガツでのシェリング百年祭に「シェリングの偉大さと宿命」を講演。ハイデルベルクのラジオを通じて「非キリスト教的宗教と西欧」（28所収）講演。『非神話化の問題』（ブルトマンと共著）（22）	西ドイツ憲法改正、欧州軍参加への道をひらく
一九五五	七二	『シェリング、その偉大さと宿命』。『精神療法の本質と批判』（『精神病理学総論』の一部）（23）	西ドイツ、NATOに参加 ワルシャワ条約調印
一九五六	七三	ハイデルベルクのラジオを通じて「集団と単独者」（28所収）講演。バーゼル放送局から「原子爆弾と人間の未来」を講演	二月、スターリン批判。一〇月、ハンガリー事件
一九五七	七四	バーゼル放送局から「不死」を講演。『偉大な哲学者たち』第一巻（24）。『原子爆弾と人間の未来』（前記講演）（25）。シルプ編集の『カール＝ヤスパース』刊行、ヤスパースが一九五三年に執筆した『哲学的自伝』（26）を収録	ソビエト人工衛星打ち上げ成功
一九五八	七五	フランクフルト-アム-マインでドイツ出版平和賞を受賞、記念講演「真理と自由と平和」を行なう。南ドイツ放送で「技術時代における医師」放送。『原子爆弾と人間の未来――現代における政治意識』（27）。『哲学と世界』（講演論文集）（28）。『真理と自由と平和』（前記講演）	フルシチョフ、ソビエト首相となる

一九五九年	七六歳	エラスムス賞受賞。『理性と自由』（論文抜粋集）(29)	米ソ巨頭会談。西ドイツの社会民主党が国民政党へ転換
一九六〇	七七	バーゼル大学創立五〇〇年祭に「真理と科学」を講演。テレビを通じてドイツの再統一について見解を述べる。『自由と再統合』。『真理と科学』（前記講演）	
一九六一	七八	バーゼル大学退職。『大学の理念』（ロスマンと共著）。『プラトン・アウグスティヌス・カント』（『偉大な哲学者たち』の一部）	J・F・ケネディ、アメリカ大統領になる。ベルリン危機
一九六二	七九	『啓示に面しての哲学的信仰』。『新たなヒューマニズムの条件と可能性』（論文集）	ソビエトと中国の対立表面化する
一九六三	八〇	『ドイツ政治の死活問題』（論文集）(30)『哲学と啓示信仰』（ツァールントとの対話）(31)。『精神病理学全論文集』。八〇歳記念論文集『カール＝ヤスパース、作品と影響』	西ドイツでエアハルトが首相になる。J・F・ケネディ暗殺さる
一九六四	八一	秋、バイエルン-テレビで「哲学的思索の小さな学校」を放映。『規準を与えるひとびと』（『偉大な哲学者たち』の一部）。『ニコラウス＝クザーヌス』。『言葉』（『真理について』の一部）	西ドイツでナチスの復活とみられるドイツ国家民主党結成。コスイギン、ソビエトの首相となる
一九六五	八二	『哲学的思索の小さな学校』（前記講演）(32)	中国で文化大革命表面化する

一九六六	八三	『連邦共和国はどこへ行く?』(33)	西ドイツでキージンガー首相となる、キリスト教同盟と社会民主党の大連立が成立
一九六七	八四	『回答』(連邦共和国論の批判に対する回答)。『運命と意志』(自伝的作品集)	
一九六八	八五	『習得と論駁《ろんばく》』(哲学史のための講演論文集)。『ヤスパース、一九〇九年から一九六七年までのビブリオグラフィー』(ゲフケン・クネルト編)	チェコ自由化の問題
一九六九	八六	二月二六日、スイスのバーゼル市で死去	

参考文献（翻訳書）

(1) 精神病理学総論 上・中・下
内村・西丸・島崎・岡田共訳 岩波書店 昭和28〜31

(2) 世界観の心理学 上（ヤスパース選集）
上村・前田訳 理想社 昭和44・5刊行予定

(3) マックス＝ウェーバー 樺 俊雄訳 創元社 昭和25
（ヤスパース選集13 理想社 昭和40）
マックス＝ウェーバー（一九三二年の論文だけ）
森 昭訳 弘文堂 昭和17

(4) ストリンドベルクとファン＝ゴッホ
村上 仁訳 山口書店 昭和22
（創文社 昭和27、みすず書房 昭和34）

(5) 現代の哲学的考察 徳永・富永訳 三笠書房 昭和34
現代の精神的状況（世界大思想全集 哲学・文芸20
ヤスパース・ハイデッガーに収録） 河出書房 昭和30

(6) 哲 学 第一巻 世界 上・下
武藤光朗訳 創元社 昭和28
（哲学的世界定位 創文社 昭和39）
実存開明（哲学 第二巻）
草薙・信太訳 創文社 昭和39

(7) 理性と実存 草薙正夫訳 創元社 昭和24

(8) ニーチェ——根本思想（次の「中」の部分訳）
（新潮社 昭和30）
草薙正夫訳 創元社 昭和18
ニーチェ 上・中・下 草薙正夫訳 創元社 昭和25
（新潮社 昭和29、ヤスパース選集18・19 理想社 昭和41）

(9) デカルトと哲学（ヤスパース選集6）
重田英世訳 理想社 昭和36

(10) 実存哲学 鈴木三郎訳 三笠書房 昭和15
（理想社 昭和25、改訂版）

ヤスパース選集1 理想社 昭和36）

(11) 戦争の責罪 橋本文夫訳 桜井書店 昭和25
（戦争の罪 創元社 昭和28、責罪論（ヤスパース選集10） 理想社 昭和40）

(12) 大学の理念（ヤスパース選集2）
森 昭訳 理想社 昭和30

(13) ニーチェとキリスト教
橋本文夫訳 桜井書店 昭和26
（ヤスパース選集11 理想社 昭和40）

(14) 哲学と科学 橋本文夫訳 桜井書店 昭和26

(15) 歴史の起源と目標（ヤスパース選集9）
重田英世訳 理想社 昭和39

(16) 哲学十二講 草薙正夫訳 創元社 昭和26
（哲学入門 新潮社 昭和29）

(17) 理性について——現代における理性と反理性
（部分訳、実存1・2号）
橋本文夫訳 昭和26・9、昭和26・2

(18) （弁明と展望 の全論文は次の三冊に分割収録）
現代ヨーロッパの精神的課題
茅野・橋本・武藤・草薙訳 創元社 昭和29
（現代の精神的課題 草薙正夫編 新潮社 昭和30）
大学の本質 桑木務編 桑木・井上・
土田・斎藤・橋本・信太訳 新潮社 昭和29
実存的人間 鈴木三郎編 樺・竹内・
大江・信太・鈴木・鬼頭訳 新潮社 昭和30

(19) 悲劇論（ヤスパース選集4）
橋本文夫訳 理想社 昭和35

(20) 現代における哲学の課題（実存 8号）
草薙正夫訳 昭和30・11

(21) リオナルド＝ダ＝ヴィンチ（ヤスパース選集4）
藤田赤二訳 理想社 昭和35

(22) 聖書の非神話化批判（ヤスパース選集7）
西田康三訳 理想社 昭和37

(23) 精神療法（ヤスパース選集20）

藤田赤二訳　理想社　昭和41

(24)『偉大な哲学者たち』の部分訳として現在までに分割刊行されたもの）

仏陀と竜樹（ヤスパース選集5）

峰島旭雄訳　理想社　昭和35

カント（ヤスパース選集8）

重田英世訳　理想社　昭和37

イエスとアウグスチヌス（ヤスパース選集12）

林田新二訳　理想社　昭和40

ソクラテスとプラトン（ヤスパース選集17）

山内友三郎訳　理想社　昭和41

孔子と老子（ヤスパース選集22）

田中　元訳　理想社　昭和42

スピノザ（ヤスパース選集23）

工藤喜作訳　理想社　昭和42

(25) 原爆と人類の将来（世界　一四九号）

岩波書店　昭和33・5

(26) 哲学的自伝（ヤスパース選集14）

重田英世訳　理想社　昭和40

(27) 現代の政治意識――原爆と人間の将来　上（ヤスパース選集15）（下は未刊）

飯島・細尾訳　理想社　昭和41

(28) 哲学と世界（ヤスパース選集25）

（原著のうち九論文の訳）

草薙・斎藤・細尾・重田訳　理想社　昭和43

(29) 真理・自由・平和（ヤスパース選集21）

（ほかに前記(28)の残り三論文の訳を収録）

斎藤武雄訳　理想社　昭和41

(30) マックス＝ウェーバーの政治的思考（実存主義26号）

（ドイツ政治の死活問題　の中の一論文の訳）

小倉志詳訳　理想社　昭和37

(31) 哲学と啓示信仰　新井恵雄訳　理想社　昭和41

(32) 哲学の学校　松浪信三郎訳　河出書房　昭和41

(33) 戦後保守体制の苦悩（世界　二五四号）

（原著の解説と部分訳）
村上淳一訳　岩波書店　昭和42・1

右のほか、メッセージその他の訳として

世界知の限界と自由（哲学研究　三〇七号）
野田又夫訳　昭和16

ヤスパース協会に寄す（実存　1号）
橋本文夫訳　昭和26

日本の友に寄せる年頭の辞（実存　3号）
橋本文夫訳　昭和27

ショーペンハウエルについて
（伝統と変革　信太・山本編　に所収）
草薙正夫訳　創文社　昭和36

人間の自由と未来のために（自由　4巻1号）
（武藤光朗氏との対談）　昭和37

今日におけるわれわれの境位（実存主義　27号）
信太正三訳　理想社　昭和38

生きる力（実存主義　32号）
斎藤武雄訳　理想社　昭和40

参考文献（単行書に限る）

ヤスパースの実存哲学　鈴木三郎　報文社　昭和22
（春秋社　昭和27）

ヤスパース　鈴木三郎　新月社　昭和24

実存の倫理　鈴木三郎　理想社　昭和26

ヤスパース研究　鈴木三郎　創元社　昭和28

実存理性の哲学――ヤスパース哲学に即して
金子武蔵　弘文堂　昭和28

ヤスパースにおける絶対的意識の構造と展開
斎藤武雄　創元社　昭和36

ヤスパース研究　斎藤武雄　理想社　昭和37

実存哲学の根本問題――現代におけるヤスパース哲学の
意義　草薙正夫　創文社　昭和37

ヤスパース　草薙正夫　牧書店　昭和40
カール＝ヤスパース――人とその思想　林田新二　塙書房　昭和43

なお、一九六二年までのヤスパースの雑誌・論文をも含む全著作のリストについては、実存主義27号の鈴木三郎氏作成のものを、また、昭和三七年までに発表された雑誌・論文を含む日本でのヤスパース研究書のリストについては、実存主義26号の上妻精氏作成のものを、それぞれ参照されたい。

さくいん

〔事項〕

—完—

D.

ヤスパース■人と思想36　　定価はカバーに表示

1969年6月10日　第1刷発行©
2014年9月10日　新装版第1刷発行©

・著　者　……………………宇都宮《うつのみや》　芳明《よしあき》
・発行者　……………………渡部　哲治
・印刷所　……………………法規書籍印刷株式会社
・発行所　……………………株式会社　清水書院

〒102-0072　東京都千代田区飯田橋3-11-6
Tel・03(5213)7151〜7
振替口座・00130-3-5283
http://www.shimizushoin.co.jp

検印省略
落丁本・乱丁本は
おとりかえします。

CenturyBooks

Printed in Japan
ISBN978-4-389-42036-9

CenturyBooks

清水書院の〝センチュリーブックス〟発刊のことば

近年の科学技術の発達は、まことに目覚ましいものがあります。月世界への旅行も、近い将来のこととして、夢ではなくなりました。しかし、一方、人間性は疎外され、文化も、商品化されようとしていることも、否定できません。

いま、人間性の回復をはかり、先人の遺した偉大な文化を継承して、高貴な精神の城を守り、明日への創造に資することは、今世紀に生きる私たちの、重大な責務であると信じます。

私たちがここに、「センチュリーブックス」を刊行いたしますのは、人間形成期にある学生・生徒の諸君、職場にある若い世代に精神の糧を提供し、この責任の一端を果たしたいためであります。

ここに読者諸氏の豊かな人間性を讃えつつご愛読を願います。

一九六六年

清水

SHIMIZU SHOIN